SV

Band 1523 der Bibliothek Suhrkamp

Wolf Biermann
Mensch Gott!

Suhrkamp Verlag

Mensch Gott!

Im Streit der Welt

Verzeihn will ich wohl, doch nie nichts vergessen:
Die Blutsäufer nicht, noch das Steinefressen.

Mir reicht es als Rache, wenn alle, die
Uns quälten, in Danteschen Höllen braten
Mir reicht eine mausgraue Demokratie
Schön bunt will ich nur unsre Demokraten!

Pamela, mein göttliches Menschentier
Dein Lächeln ist mein Paradies. Ich brauch
Nur Brechts „Siebte Rose" am Rosenstrauch
—den Streit dieser Welt halt ich aus, mit Dir.

Inhalt

All meine Gläubigkeit

Kein Ei kann sich das Nest aussuchen, in dem es ausgebrütet wird. Kein Menschenkind wählt den Kinderglauben, mit dem es großgefüttert wurde und dann in die Welt gestoßen. Meine Mutter war strenggläubige Atheistin, das war ihr aufgeklärtes Bildungserlebnis in den zwanziger Jahren, und darauf war sie bannig stolz. Ich wurde in einem roten Nest ausgebrütet, wurde flügge auf einem brennenden Bolschewisten-Baum mitten in der braunen Nazi-Zeit. Noch prekärer: in einer jüdischen Kommunistenfamilie. Unsere gottlose Religion trank ich mit der Muttermilch. Nach dem Kriege wurde ich in der kommunistischen Kirche konfirmiert. Der heilige Karl Marx war unser lieber Gott. Und Stalin war sein Prophet. Mein Vater, der ungebrochene Widerstandskämpfer Dagobert Biermann, blieb mein gebenedeiter Märtyrer.

Der gewiefte Existenzphilosoph Jean-Paul Sartre drechselte uns eine fast hegelianische Sentenz: »Wir beurteilen die Menschen nicht nach dem, was aus ihnen gemacht wurde, sondern danach, was sie aus dem gemacht haben, was aus ihnen gemacht wurde.« Dieser dialektische Zungenbrecher gilt für jedermann, und allemal für einen wie mich.

Ziemlich spät, erst im Jahre 1983, als die Mauer ja noch ewig stand, hatte ich als Mann endlich den Mut, erwachsen zu werden: Ich brach mit meinem eingeborenen Kinderglauben und wurde ein guter Renegat. Erst in den fremdvertrauten Freiheiten der Demokratie begriff ich, daß jeder Versuch, das Himmelreich auf die Erde zu zwingen, die Menschen unentrinnbar in immer tiefere Höllen zwingt.

Für mich war dieser Verrat not-wendig, denn solche Brüche wenden eine Not. Meine radikale Selbstbehauptung tat weh. Der Erkenntnisprozeß war kompliziert und so überschwer, wie meines Vaters Vorbild wog in meinem Herzen. Ihn wollte ich nicht verraten. Er war als Kommunist gefoltert und dann als Jude in Auschwitz ermordet worden. Diesen Toten wollte ich nicht töten.

Auch der Preuße Theodor Fontane kannte wohl dies Problem: »Heldentum ist immer das Produkt einer Zwangslage.« Zum Überlebenskünstler wird man womöglich geboren, aber nicht zum Rebellen gegen die Grundwerte der eigenen Großfamilie.

Ich – der Gutgläubige – protestierte in der DDR in radikaler Manier des revolutionären Reformators Martin Luther. So wie ich an den Kommunismus glaubte, so hatte einst Luther an den gleichen Gott wie sein gottverlassener Ablaß-Großhändler in Rom geglaubt. Der kleine Mönch attackierte das Bodenpersonal Christi mit der Bibel. Und er schimpfte den Papst einen Teufel. Er prügelte Gottes Stellvertreter auf Erden mit Gottes Wort in der Heiligen Schrift. Und mit solch immanenter Kritik prügelten Leute wie ich die machtbesoffenen Bonzen der DDR mit dem Kommunistischen Manifest des Karl Marx. Ohne meinen Glauben an die heilige Kuh Kommunismus hätte ich den Streit mit den Bonzen der Partei kaum durchgehalten. In den elf Jahren meines Totalverbots hat mein Glaube, der eine Illusion war, mich gestärkt. Marx ermutigte mich zum Widerstand gegen unsere Unterdrücker.

Alle Religionen lassen sich im Streit der Welt bei Bedarf reaktionär zweckentfremden. Der Glaube an Gott wird mißbraucht als Machtinstrument der Einschüchterung und Verblendung des Volkes. Immer wieder aber auch echt emanzipatorisch: ein moralischer Halt im Widerstand und Ermutigung zur Rebellion gegen Unterdrückung. Nimm nur die Schwarze Madonna von Tschenstochau! Diese katholische Freiheitsgöttin kämpfte auf Seiten der Gewerkschaft Solidarność in Danzig. Sie stärkte das Volk gegen die dschugaschwilische Monopolbürokratie, als 1980 die Werftarbeiter in Danzig streikten. Und genauso ermutigte der Glaube an Gott auch eine tapfere Schar echter Christen in der DDR zur Insubordination. Solch echte Protestanten und Katholiken wurden von der Partei bevorzugt ... verfolgt. Die Wahrscheinlichkeit, daß ein Christenmensch in der DDR zum Menschenschweinehund mutiert, war kleiner als im Westen. Ich erlebte, daß wirklich treue Hirten und echt fromme Schafe – was Wunder! –, daß diese gläubigen Menschen meine natürlichen Verbündeten waren im Kampf gegen den Stalinismus.

An welchen Gott, egal welcher Konfession ein Menschenkind glaubt, das soll mich nicht von ihm trennen. Und wenn ich so einen Frommen treffe, der das Markenzeichen seiner Firma demonstrativ vor sich herträgt, dann argwöhne ich skeptisches Lästermaul automatisch: Hoffentlich glaubt dieser Mensch wirklich an seinen auserwählten Gott! Ich jedenfalls, das gebrannte Kind Karl-Wolf Biermann, kann weder an Gott noch an Götter glauben. Ich werde auch niemals für wahr halten, daß unser Wunderrabbi am Kreuz ein Welterlöser war. Weiß Gott, die Welt sähe anders aus! Aber auch auf den herbeigesehnten Messias der orthodoxen Juden möchte ich Judenkind meine kurze Zeit auf Erden nicht verwarten.

Überhaupt auf jede Spekulation in Richtung eines schlaraffenländischen Narrenparadieses kann ich verzichten, solange die Chance bleibt, daß die närrische Gattung Mensch unsere kleine Erde nicht vollends in eine Hölle verwandelt.

Ein wahres Wort: Das Schicksal des Menschen ist der

Mensch. Tja, leider!! So grinsen die klugen Pessimisten. Aber die klügeren Optimisten lächeln: Gottseidank!

Antisemitismus kann niemals ein Menschenrecht sein, und jeglicher Rassismus ist keine Meinung. Was an der sogenannten Cancel Culture Hysterie ist und was Aufklärung, wird sich im Meinungsstreit erweisen. Und gottbewahre!, nicht jeder Humbug ist Glauben.

George Orwell hat es 1948 offenbart: Fakesprech ist noch längst keine Sprache. Und Querdenker sind weder Denker noch im guten Sinne quer. Ich nenne sie beim Namen: Dumpfdünkler.

Die Verschwörungstheoretiker sind keine Theoretiker. Und Endzeitpropheten waren nie Propheten. Die völkische »Identitäre Bewegung« erinnert mich an die Monstruos der Aquatinta-Radierung des Francisco de Goya »Der Schlaf der Vernunft gebiert Ungeheuer«. Die Aufklärung verdorrt. Der Aberglaube blüht. Und die Intoleranz schießt mal wieder ins Kraut. Digitale Giftzwerge schießen mit stumpfsinnigen Wutworten, rechte und linke Terroristen mit scharfen Handfeuerwaffen.

Jetzt, in den Zeiten der Corona-Pandemie, wütet eine noch fatalere Seuche: Die Sozialen Medien erweisen sich als asoziale Gelddruckmaschinen gigantischer Medienkonzerne. In den Innenstädten blüht der Schwachsinn: Klebesticker mit den Codeworten »Pizzagate« und »QAnon«. Paranoide Slogans wie »Gib Gates keine Chance!« oder »Gegen den Impf-Terror der Merkel-Diktatur«. Und das Nazi-Symbol »Schwarze Sonne« der esoterischen Rechtsextremisten, diese drei Hakenkreuze über Kreuz, sie flackern als Menetekel am Internet-Himmel. Zynische Putinversteher und chronische Judenfresser und panische Islam-Feinde kämpfen Seite an Seite für ihre hysterischen Haß-Freiheiten.

Ich DDR-Deutscher habe es am eigenen Leibe erlebt: Wer sich des eigenen Verstandes bedient, ist immer die schlimmste Bedrohung für jede Diktatur. Aber jetzt, in der freien Welt des Rechtsstaates, erkenne ich, daß für jede Demokratie nicht etwa das Denken, sondern die Gedankenlosigkeit die allergrößte Gefahr ist.

Der atheistische Dichter und Meister des Aphorismus, der polnische Jude Stanisław Jerzy Lec, entschied alle Maulschlachten im Religionsdisput: »Ob ich gläubig bin, das weiß nur Gott allein!«

Ich habe inzwischen begriffen, daß mein Glaube sich von dem der Gläubigen eigentlich nur in einer einzigen und zudem nichtigen Wichtigkeit unterscheidet. Christen, Juden und Moslems wissen sicher, daß Gott den Menschen gemacht hat – aber ich glaube fest daran: Der Mensch macht sich selbst. Ja, ich glaube an den Menschen und weiß sehr wohl: das ist noch verrückter und läßt sich – nebbich! – noch schlechter begründen.

Als der Mensch sich Gott erschuf, nach seinem Ebenbilde, da projizierte er in dieses Kunstwerk alle Elemente erlesener Schönheit, wechselnde Werte der Humanität und der Heiterkeit auch im Leiden. In diesem Selbstportrait stecken unsere schmerzlichsten Erfahrungen und kühnsten Hoffnungen. Schon deshalb habe ich niemals versucht, einem gläubigen Menschen seinen Glauben auszureden.

Gott soll uns schützen gegen die immer raffinierteren Technologien der Selbstverhäßlichung und Selbstvernichtung. So vergewissert der Mensch sich seiner selbst.

Wie einst Sonne und Sternbilder dem Seefahrer auf den Weltmeeren die Orientierung erleichterten, so hilft dem Gläubigen auch heute beim Navigieren durchs Leben sein Gott als ethischer Sextant. Aber ein GPS für bequemeren Fortschritt, für eine total sichere Expedition in die menschengemachte Zukunft, wird es nie geben.

Und ob uns so etwas wie ein Leben nach dem Tode blüht, das ist mir egal – solange es ein lebendiges Leben gibt: vor dem Tod!

Ermutigung (1966)
Peter Huchel gewidmet

Du, laß dich nicht verhärten
In dieser harten Zeit
Die all zu hart sind, brechen
Die all zu spitz sind, stechen
Und brechen ab sogleich

Du, laß dich nicht verbittern
In dieser bittren Zeit
Die Herrschenden erzittern
– sitzt du erst hinter Gittern –
Doch nicht vor deinem Leid

Du, laß dich nicht erschrecken
In dieser Schreckenszeit
Das wolln sie doch bezwecken
Daß wir die Waffen strecken
Schon vor dem großen Streit

Du, laß dich nicht verbrauchen
Gebrauche deine Zeit
Du kannst nicht untertauchen
Du brauchst uns, und wir brauchen
Grad deine Heiterkeit

Wir wolln es nicht verschweigen
In dieser Schweigezeit
Das Grün bricht aus den Zweigen
Wir wolln das allen zeigen
Dann wissen sie Bescheid

Das kann doch nicht alles gewesn sein
oder
Lied vom donnernden Leben (1975)

Das kann doch nicht alles gewesn sein
Das bißchen Sonntag und Kinderschrein
   das muß doch noch irgendwo hin gehn
      hin gehn!
Die Überstundn, das bißchen Kies
Und aabns inner Glotze das Paradies
   da in kann ich doch keinen Sinn sehn
      Sinn sehn!

Das kann doch nich alles gewesn sein
Da muß doch noch irgendwas kommen! nein
   da muß doch noch Leebn ins Leebn
      eebn!
He, Kumpel, wo bleibt da im Ernst mein Spaß?
Nur Schaffn und Raffn und Hustn und Haß
   und dann noch den Löffl abgebn
      gebn!

Das soll nun alles gewesn sein
Das bißchen Fußball und Führerschein
   das war nun das donnernde Leebn
      Leebn!
Ich will noch 'n bißchen was Blaues sehn
Und will noch paar eckige Rundn drehn
   und dann erst den Löffel abgebn
      eebn!

Hinter der Mauer (1965)

Ach Freund geht es nicht auch dir so?
Ich kann nur lieben
    was ich die Freiheit habe
        auch zu verlassen:
Dieses Land
    diese Stadt
        diese Frau
           dieses Leben

Eben darum lieben ja
Wenige ein Land
Manche eine Stadt
Viele eine Frau
    aber das Leben: Alle!

Kunststück (1964)

Wenn ich mal heiß bin
Wenn ich Werweiß bin
Hol ich mir 'ne Wolke runter
Und wring sie über mir aus
   – kalte Dusche: Kunststück!

Wenn ich mal kalt bin
Wenn ich mal alt bin
Hol ich mir die Sonne runter
Und steck sie mir ins Jackett
   – kleiner Ofen: Kunststück!

Wenn ich bei Dir bin
Wenn ich Dein Tier bin
Schwimmen Wolken mit uns runter
Rollt die Sonne gleich mit
   – das ist Liebe: Kunststück!

Wenn ich verrückt bin
Wenn ich bedrückt bin
Hol ich mir den Lieben Gott runter
Und ER singt mir was vor
   – so gehn Lieder: Kunststück!

Wenn ich mal blau bin
Wenn ich mal schlau bin
Steig ich kurz zum Teufel runter
Und spendier Stalin ein Bier
   – armer Mörder: nebbich!

Wenn ich mal tot bin
Wenn ich im Lot bin
Werd ich Grenzer und bewache
Die Grenz zwischen Himmel und Höll
  – AUSWEIS BITTE!! – Kunststück!

Melancholie, meine Hoffnung

Es gibt ein berühmtes Bild von Paul Klee, die feine Zeichnung eines Engels, des Angelus Novus, wie der Maler ihn taufte. Er meinte also einen Cherub, einen der Grenzwächter Gottes im Paradiese. Den Philosophen Walter Benjamin inspirierte dieses Bild zu einer eindrucksvollen Metapher. Er schrieb im Exil 1940: »Ein Engel ist darauf dargestellt, der aussieht, als wäre er im Begriff, sich von etwas zu entfernen, worauf er starrt. Seine Augen sind aufgerissen, sein Mund steht offen und seine Flügel sind ausgespannt. Der Engel der Geschichte muß so aussehen. Er hat das Antlitz der Vergangenheit zugewendet. Wo eine Kette von Begebenheiten vor *uns* erscheint, da sieht *er* eine einzige Katastrophe, die unablässig Trümmer auf Trümmer häuft und sie ihm vor die Füße schleudert. Er möchte wohl verweilen, die Toten wecken und das Zerschlagene zusammenfügen. Aber ein Sturm weht vom Paradiese her, der sich in seinen Flügeln verfangen hat und so stark ist, daß der Engel sie nicht mehr schließen kann. Dieser Sturm treibt ihn unaufhaltsam in die Zukunft, der er den Rücken kehrt, während der Trümmerhaufen vor ihm zum Himmel wächst. Das, was wir den Fortschritt nennen, ist *dieser* Sturm.«

Wie der Angelus Novus, so blickte auch meine Mutter auf ihr Leben zurück, und sie sah einen Trümmerhaufen. Emma wurde 90 Jahre alt. Die Maschinenstrickerin war seit ihrer frühen Jugend in der Kommunistischen Partei organisiert. Sie kämpfte gegen den Nationalsozialismus, und sie verlor dabei ihren Mann und viele ihrer liebsten Menschen. Sie durchlitt große Bekümmernisse. In dunklen Stunden haderte sie mit ihrem Leben, dann kam es ihr vor, als habe sie falsch gelebt, umsonst gebet und gelitten und gekämpft. Manchmal klagte sie: »Weißt du, ich beneide diese Christen. Die können sich wenigstens an ihren Gott klammern. Wir nicht. Wir haben keinen Trost. Mein Junge, woran klammert sich unsereins in der Seelennot? Wenn wir kaputtgehn, haben wir keinen Heiland in Reserve.«

Recht hat sie. Wir Gottlosen sind hochmütiger und elender. Wenn unsereins im Knast sitzt – kein Engel schwebt durch die schwedischen Gardinen mit einem Stück Seelenbrot. Wenn wir verzweifeln – kein netter alter Mann reckt sich durch die Wolken herab und leckt mit langer Zunge hier unten auf Erden unsere Wunden.

Aber auch Christen haben ihren lieben Gott nicht immer sicher im Rücken. Gott stirbt am Gift der vernünftigen Gottesbeweise, denn er will geglaubt sein und nicht bewiesen.

»Was betrübst du dich, meine Seele, und bist so unruhig in mir? Harre auf Gott; denn ich werde ihm noch danken, daß er meines Angesichtes Hilfe und mein Gott ist«, heißt es im Psalm 42:12.

Warum aber eigentlich nicht traurig sein? Es ist ja grad die Traurigkeit, die uns in die Hoffnung treibt.

»Was mich treibt, ist nicht so sehr der unbrechbare Wille zur Hoffnung als vielmehr die kategorische Ablehnung der Mutlosigkeit, somit der Widerstand gegen die Resignation«, das schrieb der Schriftsteller und Sozialpsychologe Manès Sperber.

Mit einem Freund Sperbers, dem Philosophen Emil Cioran, geriet ich in einen wohltemperierten Streit über die Lieblingskategorie seines Kollegen Ernst Bloch, des Predigers des Prinzips Hoffnung. Wenn Cioran das Wort Hoffnung hörte, sträubten sich ihm die Haare. Hoffnung war eine Kategorie, die für einen waschechten Nietzscheaner ein Brechmittel war. Ihn empörte die Perspektive einer Weltsicht, in der die Kategorie Hoffnung als zentraler Fluchtpunkt verwendet wird. Das Prinzip Hoffnung war für ihn die dumpfduselige Beleidigung für sein eigenes Denkmodell einer illusionslosen Verzweiflung über die Welt, skeptisch in der rationalen Tradition von Montaigne und Spinoza, Pascal und Nietzsche. Emil Cioran war ein radikaler Negativist, also ein luzider Allesschwarz-Seher und schrieb hellsichtige Bücher darüber, wie gut es ist, daß der Mensch dieses eine Privileg vor allen Tieren hat: Er kann sich selbst töten.

Ja, dieser böse Denker propagierte lebensfroh den Selbstmord. Und seine Schriften verbreiteten sich auch unter Studenten. Cioran war 1937 aus Rumänien nach Paris gezogen, noch war er ein Bewunderer Hitlers und ein strammer Antisemit – wofür er sich später entschuldigte. Dieser Mensch lebte, wie es sich für einen steilen Philosophen gehört, allein in einer Wohnung unterm Dach im sechsten Stock im Quartier Latin. Der Alte dachte nicht daran, in ein Haus umzuziehen, das über einen Fahrstuhl verfügt. Der alte Cioran erklomm stur jeden Tag mehrfach die zwölf Treppen ins sechste Stockwerke.

Jenka, die Witwe des Sperber, die sich »Madame Manès Sperber« nannte, war eine beindruckende Dame, die nicht nur alle vornehmen Benimm-Regeln »comme il faut« beherrschte, sondern sie verfügte darüber hinaus über eine ausgebildete Herzenshöflichkeit. Sie erzählte mir eine Anekdote über Cioran: Manchmal sei es vorgekommen, daß eine Studentin oder ein Student den Philosophen aufsuchten. Einmal kam eine Studentin aus Japan! mit der Botschaft, sie habe all seine Bücher gelesen und endlich begriffen. Sie wolle sich nun umbringen: »Meister Cioran, helfen Sie mir!« Cioran starrte seine Besucherin griesgrämig an. Dann blaffte er: »Wie alt sind Sie?« Die Studentin flüsterte: »Siebenundzwanzig.« Der Alte winkte ab und zischte: »Zu alt!« Dann schlug er die Tür zu.

Im Frühjahr des Jahres 1989, kurz bevor die Mauer fiel, schrieb ich das Lied »Melancholie«. Es beginnt mit der Zeile: *»Weil ich kein Land mehr seh' in keinem Land ...«* die bleierne Zeit des Kalten Krieges, in der niemand ahnte, daß nur ein paar Monate später Europa sich neu formieren würde. Ich widmete das Lied meinem rabenschwarzen Skeptiker Cioran. Wir trafen uns bei Jenka Sperber in der Rue Notre Dame du Champ. Ich hatte wie immer zufällig meine Gitarre dabei und trug den beiden das lange neue Lied vor. Der Zyniker Cioran hörte aufmerksam zu. Mal nickte er, mal hob er eine seiner starken Augenbrauen.

Als ich die dritte Strophe sang: *»Wer Hoffnung predigt, tja, der lügt ...«*, sah ich, wie ein Lächeln über sein Gesicht huschte. Das hieß: Na endlich! hat's dieser linksromantische Schwärmer aus Deutschland begriffen – sehr gut! Aber dann sang ich die folgende Zeile: *»Doch wer die Hoffnung tötet, ist ein Schweinehund ...«* – Ciorans Gesichtszüge verfinsterten sich im Reflex. Aber dann sah ich, wie es blitzschnell arbeitete in seinem rumänisch-französischen Schädel. Er entgrollte sich. Er grinste und sagte in mein Gitarrenspiel: »C'est vrai, salaud!« – »Stimmt, du Mistkerl!«

> *Wer Hoffnung predigt, tja, der lügt ...*
> *Doch wer die Hoffnung tötet, ist ein Schweinehund*
> *Und ich mach beides und schrei: Bitte sehr!*
> *Nehmt was ihr wollt, zuviel ist ungesund.*

Gut, das ist die Hoffnung. Wie aber ist es mit den Traurigkeiten? Das Lied *Ermutigung* schrieb ich nach meinem Totalverbot 1965 für einen Freund, den Lyriker Peter Huchel. Huchel war haltbar wie seine Gedichte im märkischen Sand, aber kein harter Knochen im Streit der Welt. Auch er litt darunter, daß ihm seine Karriere von verkrachten Literaten im ZK der SED zerstört worden war. Er durfte weder publizieren noch in den Westen reisen. Verdrehte Welt: Huchel war gut dreißig Jahre älter als ich, aber ich junger Spund von knapp dreißig Jahren schrieb dem Älteren wie ein väterlicher Alter diese Ermutigung. Und erst im nachhinein, Jahre später begriff ich, was der Grund für den Erfolg des Liedes ist: Das Lied beschwichtigt nicht, sondern es erkennt die Leiden an. Und so was macht Hoffnung.

Ein Beispiel lieferte mir meine Freundin, die Theologin Ricarda Horn. Sie war 1966 Studentin in Halle und schrieb mir diesen Brief:

»Wolf, Du mußt wissen, daß ich auch in einem Chor mitsinge. Wir singen christliches Liedgut, manchmal auch deutsche Volkslieder. Es ist ein Teil unserer Ausbildung. Jedes Jahr in den Tagen vor Heiligabend gehört es zu den Pflichten unseres Chores, ein kirchlich gebundenes Krankenhaus zu besuchen und den Patienten etwas Weihnachtliches vorzusingen. So kamen wir in einen Krankensaal, da lag auch ein junger Panzersoldat. Seine Geschichte hatte uns die Oberschwester schon gesteckt. Dem Armen waren nach einem Unfall in der NVA beide Beine amputiert worden.

Unser kleiner Chor baute sich wie immer im Halbkreis auf, und wir sangen einige Lieder. Dann kam ›Es ist ein Ros entsprungen ...‹ Aber mitten im Lied brüllte der junge Mann: ›Aufhören! Aufhören!‹ Er zerrte seinen Körper an der Lederschlaufe, die über ihm hing, in eine sitzende Position. Sein

Gesicht war knallrot, eine Haßgrimasse, die mir Angst machte. ›Haut ab hier! Aufhören!‹ kreischte er noch einmal, obwohl wir ja längst aufgehört hatten. Und dann schrie er: ›Meine Beine krieg ich sowieso nich wieder! Haut ab mit Euerm Christus!‹ Dabei überschlug sich seine Stimme in ein heiseres Falsett.

Es entstand eine endlose Peinlichkeit. Wir konnten weder weitersingen noch einfach weggehen. Es traute sich auch keiner, ihm irgendwas zu sagen oder ihn zu trösten.

Da liefen plötzlich meine Füße unter mir weg, hin zu seinem Bett. Meine Haut berührte das Eisen. So stand ich mit zitternden Knien. Ich stand da zu seinen Füßen, ach, die hatte er ja gar nicht mehr. Und ich sang so mit bloßen Händen Dein Lied von der ERMUTIGUNG

> Du laß dich nicht verhärten
> In dieser harten Zeit
> Die allzu hart sind, brechen
> Die allzu spitz sind, stechen
> Und brechen ab sogleich

Ich merkte gleich, daß ich in der Aufregung ein bißchen zu hoch angefangen hatte und daß meine Stimme nun genauso überkippte wie seine. Aber ich hatte nicht die Nervenkraft, bei der nächsten Strophe tiefer anzusetzen. So sang ich dann weiter
Du laß dich nicht verbittern
In dieser bittren Zeit …
und schaute den Mann ohne Beine dabei nicht an, auch dazu hatte ich nicht die Kraft. Ich krallte mich mit den Augen fest an einer leergegessenen Pralinenschachtel auf seinem Bettschränkchen. So kam ich wie ohne Besinnung in die nächste

Strophe: Du laß dich nicht erschrecken / In dieser Schrek-kenszeit ..., und dann kommt: Du laß dich nicht verbrau-chen / Gebrauche deine Zeit ...

– du kennst dein Lied ja. Ich hörte mich singen, als ob je-mand anderes singt, aber ich hielt durch. Und als das Lied endlich zu Ende war, weinte der junge Mann und griff nach meiner Hand und sagte: ›Jetzt is jut.‹ Und sagte noch: ›Dan-ke.‹ Und so hört die Geschichte auf. Schöne traurige Ge-schichte.«

Wie oft quälten auch mich die forschen Sprüche chronischer Frohnaturen: Stell dich nicht so an! Wird schon wieder! Al-les halb so schlimm! – Nein, gar nichts wird schon irgendwie wieder. Das ganz Schlimme ist eben nicht halb, sondern ganz schlimm. Von einem Freund lasse ich mir die gute Laune ge-legentlich verderben. Aber ich lasse mir von keinem meinen Schmerz ausschwatzen. Wer mir die Traurigkeiten verleiden will, der ist mein Feind, denn er spricht mir die Gründe der Traurigkeit ab, und das tötet mich von innen. Auch das Trau-rigsein ist ein Menschenrecht.

Seit meiner Jugend pocht in meinem Herzen der Blues. Diese Musik ist das musikalische Echo der Dämmerung, die Interferenz zwischen hell und dunkel, das *twilight*. Der *dusk* ist eine Abenddämmerung, die ins Dunkel muß, und *the dawn* ist eine Morgendämmerung, die ins Licht eines Son-nentages will. So ähnlich in der Menschenseele: Melancholie, das ist die zerrissene vitale Stimmung zwischen begründe-ter Hoffnung und begründeter Verzweiflung. Emile Cioran schrieb mir, nachdem er mein Lied geschluckt hatte, im Ok-tober 1989: »Diejenigen, die das Glück haben, an Melancho-lie zu leiden, sind Komplizen für immer.« Melancholie ist der ausgehaltene, der lebendig gelebte Widerspruch zwischen Lebenslust und tiefstem Schmerz. Und solange dies in der stabilen Schwebe, in schwankender Balance sich behauptet, wird Trauer nie triefend und kann die Fröhlichkeit niemals albern werden. Deshalb liebe ich die Melancholie, mit der ich gegen faule Traurigkeiten ankämpfe. So kann ich sagen: Melancholie, sie ist meine Hoffnung.

Melancholie (Frühjahr 1989)
für Emil Cioran

1

weil ich kein land mehr seh in keinem land
auf all dem industriemist kräht kein hahn
die menschlein taumeln über jeden rand
zu arm, zu reich, zu klein im größenwahn
weil wünsche wuchern wie ein krebsgeschwür
bin ich ein nimmerfroher nimmersatt
weil todesangst sich spreizt als lebensgier
weil grenzenlose freiheit grenzen hat
und weil ich meinen feinden nie nichts verzieh
und weil ich selber seh und doch nichts schnalle
     melancholie
        melancholie im herzen
           die schwarze galle

2

weil feigheit vor dem wahren freund mich lähmt
weil kühnheit vor dem falschen feind mich foppt
weil man mit tränen kein' tyrannen zähmt
und weil kein lied die amokläufer stoppt
weil ich am ruhm vorn an der rampe roch
und leckte mich so durstig an dem salz
weil zweifel mir in die gewissheit kroch
und habe schulden schuldlos auf dem hals
weil ich widerstand und ging doch in die knie
und krieg kein seelengeld mehr auf die kralle
     melancholie
        melancholie im herzen
           die schwarze galle

3

wer hoffnung predigt, tja, der lügt. doch wer
die hoffnung tötet, ist ein schweinehund
und ich mach beides und schrei: bitte sehr
nehmt was ihr braucht – zu viel ist ungesund!
weil grundlos alles hoffen ist, genau
wie auch die liebe keine gründe braucht
und weil ich träume in die pfanne hau
weil nur von ketzerei der schornstein raucht
und weil 'n ketzer brennt und leuchtet hell wie nie
und herrlich aufersteht in jedem falle
melancholie
melancholie im herzen
die schwarze galle

4

weil ich nach meinem ebenbild mein kind
nur formen kann, wie Gott: zu dumm, zu schwach
und weil's doch eigne wege findet: blind
läuft es der herde ins verderben nach
Die Enkel fechtens besser aus! – wer's glaubt
hat seinen seelenfrieden und 'n knall
weil friedhofsruh mir alle ruhe raubt
weil ich so hundemüde bin von all
dieser menschheitsretterei, und schlaf doch nie
weil ich 'ne dürre hab und wollt 'ne dralle
melancholie
melancholie im herzen
die schwarze galle

5
mein lieb, wenn ich mit dir bin, und es trifft
sich gut, weil wir einander meinen, wenn ich
dich in die himmel zottel, wenn das gift
wegschwemmt im fluß der seeligkeit, wenn sich
in milch und honig wandeln blut und haß
wenn uns ein freund braucht, und wir können dem
ein bett beziehn und trinken auch 'n glas
und macht ein friede uns den krieg bequem
dann passiert es, daß ich ihr für kurz entflieh
ja, weil ich immer wieder steh und falle
        melancholie
          melancholie im herzen
            die schwarze galle

Wer sich nicht in Gefahr begibt (1969)

Selbstportrait für Reiner Kunze

An Bitternis mein Soll hab ich geschluckt
Und ausgeschrien an Trauer was da war
Genug gezittert und zusammgezuckt
Das Kleid zerrissen und gerauft das Haar

> Ach du, ach das ist dumm!
> Wer sich nicht in Gefahr begibt,
> der kommt drin um.

Mein Freund, wir wolln nicht länger nur
Wie magenkranke Götter keuchen ohne Lust
Von Pferdekur zu Pferdekur
Mit ewig aufgerissener Heldenbrust

> Ach du, ach das ist dumm!
> Wer sich nicht in Gefahr begibt,
> der kommt drin um.

Du, wir gehören doch nicht zu denen
Und lassen uns an uns für dumm verkaufen
Es sind ja nicht des Volkes Tränen
In denen seine Herrn ersaufen

> Ach du, ach das ist dumm!
> Wer sich nicht in Gefahr begibt,
> der kommt drin um.

Wir wolln den Streit und haben Streit
Und gute Feinde, viele
Von vorn, von hinten, und zur Seit
Genossen und Gespiele

Ach du, ach das ist dumm!
Wer sich nicht in Gefahr begibt,
der kommt drin um.

Es ist schön finster und schön licht
Gut leben und gut sterben
Wir lassen uns die Laune nicht
Und auch kein Leid verderben

Ich leb, und waiß nit wie lang,
Ich stirb und waiß nit wann,
Ich far und waiß nit, wohin,
Mich wundert, das ich froelich bin.
Grabspruch des Magisters Martinus
von Biberach zu Heilbronn 1498

Mich wundert (2001)

Ich floh aus einer brennenden Stadt
Ich Glückskind, froh von Anbeginn
Fress' mich durchs Leben hungrigsatt
Mich wundert, daß ich so traurig bin

Ich heul zur Sonne, heule zum Mond
Ein Wolf bei mancher Schäferin
Und hab den Herden beigewohnt
Mich wundert, daß ich so einsam bin

Ich half mir selber, drum hilft mir Gott
Im Beten seh ich keinen Sinn
Bin ein moderner Don Quichotte
Mich wundert, daß ich so hilflos bin

Ich weiß ja: Unrecht ist uralt
Verlust ist unser Hauptgewinn
Und doch läßt mich kein Elend kalt
Mich wundert, daß ich so zornig bin

Ich bin gewiß – und weiß nicht wer
Ich gehe und weiß nicht wohin
Ich komme und weiß nicht woher
Mich wundert, daß ich so fröhlich bin

Confessio (1985)
für Freya Rickert

1

Ich hab die Schnauze voll – mit großen Worten. Und
Laß meine Wahrheit raus, wie andre Schreier auch
Vom Singen leb ich – und wie du vom Wortefleddern
Herr Frieden armt im Kalten Krieg Frau Freiheit um
Europa ist die Hölle, voll mit Welterrettern
– das aber weiß ich: Rettung! weiß ich keine. Du
Verklar nicht mir die Welt! zeig her dein Angesicht
– das reicht! Mies und gebildet bin ich schon alleine!
Bloß Haut, die bloße Haut tut mir so irre weh
Das kennst du selber: dünne Haut wie offnes Fleisch
Und dabei nix! nix Wundes, Rotes kannst du sehn
Auf nacktem Fell blüht keine Schramme. Ach, und doch
Die leiseste Berührung ist schon Qual und Leid
Und jeder Zufall, Haut an Haut, ein Todesschreck
Und ganz egal, ob Stoßen, Kratzen, Streichelei
Die Welt tut eben weh. Und jede Pore schreit
    – hau ab! laß los!! Mensch!!! Pfoten weg!!!!

2

So! ganz genauso, Alter, geht es hier mit mir
Von innen geht's mir so. Von innen tut sie weh
Die Haut: verschlissen. Alle Heiterkeit passé
Das Zwielicht hat mich nun im Westen blind gemacht
Im Finstern, drüben, war mir alles sonnenklar
Ging aufrecht. Grad im Streit hab ich mich schiefgelacht
Hier in der Freiheit prüfen Mucker im Parkett
Ob Biermanns Haut noch hält, ob Wolf noch beißen kann!
Versaut von innen ist der kleine Straßenhund

39

Der immer munter sang in mir, sprang aus der Brust
Und strolchte fröhlich rum. Jetzt aber krümmt er sich
Im Rippenkäfig, schnappt nach meinem Herz und knurrt
Ach! in der schweren Zeit war alles leicht und gut.
Erato, meine Muse, trällert nicht mehr keck
Sogar, wenn Blicke flüchtig mich berührn, dann tut
Mir das schon weh. Und darum röchelt meine Haut:
    – hau ab! laß los!! Mensch!!! Pfoten weg!!!!

3
Es ist die Haut, sonst nichts, mein wahrlich falsches Hoffen
Die wundgelaufne Sehnsucht nach lebendig Leben
Und dabei badete ich selber grad noch eben
Als Drachentöter, wohlgemut im Bonzenblut
Aus roter Tinte. Tölpel übertölpeln mich
Die Augen wend' ich fahrig ab von Schlächterein
Die ich mit meinem Holzschwert und sechs Saiten nie
Und nimmermehr zum irgend Guten wenden kann.
Nun such ich schon in jeder Träne meine Schuld
Und finde schon in jedem Elend mein Versagen
Aus Müdigkeiten wuchert mürrisch Ungeduld
Und im Gemüt die Bitterkeiten. Tja, sieh an:
Der muntre Streiter hat nicht länger Bock auf Streit?
Die Friedensphrasen stinken mir wie Lügendreck
Sogar dein sanftes Schweigen springt mich wütend an
Und das tut eben weh. Und darum kreischt die Haut
    – hau ab! laß los!! Mensch!!! Pfoten weg!!!!

4

Ich riech zehn Meilen gegen Wind 'ne Freiheit, die
Nach Maulkorb riecht. Bin dennoch nie nicht desertiert
Vom ew'gen Freiheitskrieg der Menschheit, etwa bloß …
Bloß, weil ich bißchen müde war, aus Liebeskummer
Verbissen in mein Mona-Lisa-Exemplar
Dabei ward mir die Lebenskiste eng und enger
Sogar dem Brecht, der ewig halten wird, war klar:
Kein Mensch hält ewig – manche halten etwas länger
Schau: Als der Meister nun nicht länger leben wollte
Der unverbesserliche Weltverbessrer, schlau
Hat er mit einem Schnupfen sich davongemacht
Brecht war zu müd, zu feig! Er hätte brechen solln
Als Chruschtschow es gelüftet hat, das Zipfelchen
Vom blutdurchsuppten Tuch über dem Sowjetland …
Das ging Brechts Kommunisten-Muse tief an' Speck
Zum Bett-Genossen kreischte sie: Mach hinne, stirb!
       – hau ab! laß los!! Brecht!!! Pfoten weg!!!!

5

Was schert der Meister mich! Das kranke Kind will essen
Ich will die schon gemachten meiden, will statt dessen
Mal neue Fehler machen. Ich muß wieder springen:
Nur wer sich ändert, bleibt sich treu! Gemütlich singen
Die immer alte Leier war noch nie mein Fall
– da fress' ich lieber Steine, frisch vom Bruch. Dazu
Paar Kirschen, die am Galgen wachsen. Tja und wenn
Am Kirschbaum die Gehenkten baumeln in der Nacht
Dann heul ich mit den Nachtigalln. Nee, aber mit
Den Wölfen zwitschern passt mir nicht. Laß sein, tu du's!
Ich krächze lieber rabenschwarz den Preußen-Blues
In Hamburg riecht die Elbe drogenstark nach Teer

Ich weiß: Wer heut' noch hoffen macht, der lügt! Doch wer
Die Hoffnung tötet, ist ein Schweinehund. Und ich
Mach beides. Süchtig macht mich Sucher keiner mehr
Die gute alte schlechte Zeit kommt never back
    – hau ab! laß los!! Mensch!!! Pfoten weg!!!!

6

Mit Weibern hab ich nichts … als Glück. Gehabt. Ob die
Mit mir, steht auf 'nem andern Blatt. Soll sein! Es ging
Wild rauf und runter, wie bei dir ja auch. Ich fühl
Mein Herz im Schädel, denk tief nach im Bauch. Jedoch
Im Kummer wunder ich mich krank. Und krieg nix raus:
Wie ist das mit der Liebe, Freundchen, alles Stuß?
Ich weiß ganz gut – und weiß dabei auch nicht – warum
Im Westen Regen so nach oben fallen muß!
Hart fällt er, hart! Ach, für mein Alter bis zum Tod
Werd ich als Greis noch viel zu jung sein für die Welt
Ich bin nicht so verrückt, an Gott zu glauben – ich
Bin noch verrückter, denn ich glaub an sein Geschöpf
Zum Schlausein bin ich viel zu schlau und steinalt
Zu stolz! Und wer mich zottelt, bloß zu diesem Zweck
Daß er mich runterzieht in bittre Traurigkeiten
Der kriegt von mir dieses Pasquill vorn Latz geknallt:
    – hau ab! laß los!! Mensch!!! Pfoten weg!!!!

Große Ermutigung (1966)

Du, mein Freund, dir kann ich sagen
Ich bin müde, hundemüde
Müde bin ich all die Tage
Die mich hart und härter machten
Ach, mein Herz ist krank von all der
Politik und all dem Schlachten

> Sag, wann haben diese Leiden
> diese Leiden, diese Leiden
> endlich mal ein Ende?
> Wenn die neuen Leiden kommen
> haben sie ein Ende

Meine Liebe, meine Schöne
Du mit deinen warmen Armen
Hieltest du mich all die Nächte
Die nur kältre Kälten brachten
Ach, mein Herz ist krank von all der
Politik und all dem Schlachten

> Sag, wann haben diese Leiden
> diese Leiden, diese Leiden
> endlich mal ein Ende?
> Wenn die neuen Leiden kommen
> haben sie ein Ende

Wann ist denn endlich Frieden (1967)

Wann ist denn endlich Frieden
In dieser irren Zeit
Das große Waffenschmieden
Bringt nichts als großes Leid

> ES blutet die Erde
> ES weinen die Völker
> ES hungern die Kinder
> ES droht großer Tod
> ES sind nicht die Ketten
> ES sind nicht die Bomben
> ES ist ja der Mensch
> > der den Menschen bedroht

Die Welt ist so zerrissen
Und ist im Grund so klein
Wir werden sterben müssen
Dann kann wohl Friede sein

> ES blutet die Erde
> ES weinen die Völker
> ES hungern die Kinder
> ES droht großer Tod
> ES sind nicht die Ketten
> ES sind nicht die Bomben
> ES ist ja der Mensch
> > der den Menschen bedroht

Größe des Menschen (1967)

Nimm nur die Berge, die abträgt der Regen
und schwemmt sie flußwärts ins Meer wie nichts

Oder das Meer selber, das schiffemordende
in der Sturmflut, wie es die Inseln wegleckt

Oder wenn aufbrechen die Wunden der Erde
in Vulkanen, städtebegrabenden Massen

Oder auch, von denen wir wieder hörten:
den länderzertrümmernden Erdbeben

– sie alle übertrifft der Mensch
in seiner Zerstörungskraft

Gebenedeit

Was soll dabei schon sein – ich, Karl-Wolf Biermann, jüdisches Kommunistenkind, bin getauft. Das passierte in der Hansestadt Hamburg, also evangelisch. Täufling wurde ich erst, als ich schon laufen und sprechen konnte, an die drei Jahre alt. Obwohl meine Eltern stramme Atheisten waren, ließen sie mich taufen. Sie erhofften sich davon einen kleinen Vorteil: Sie wollten mein Leben retten.

Mein Vater Dagobert saß derzeit seine zweite Strafe unter den Nationalsozialisten im Gefängnis Bremen Oslebshausen ab. Er war zunächst 1933 zu zwei Jahren Zuchthaus verurteilt worden, weil er die kommunistische Hamburger Volkszeitung illegal gedruckt hatte. Dann, im Februar 1937 wurde er erneut verhaftet. Sein Verbrechen: Er hatte Sabotage gegen Schiffe im Hamburger Hafen versucht, gegen scheinbar »harmlose« Handelsschiffe, die aber streng geheim Panzer, Flugzeugteile, Munition in den Bürgerkrieg nach Franco-Spanien bringen sollten.

Die Anklage gegen meinen Vater lautete: Vorbereitung zum Hochverrat. Da der Volksgerichtshof meinem Vater nichts beweisen konnte, kriegte er nur sechs Jahre und sagte zu meiner Mutter: Die sitze ich auf einer Arschbacke ab.

Beim Sprecher, so nannte man den Besuch im Gefängnis, den Emma dreimal im Jahr machen durfte, konnte meine Mutter ihren Ehemann immerhin fragen, ob er einverstanden sei, wenn sie seinen Sohn taufen läßt. Unter den gegebenen Zeitumständen fand er die Taufe vernünftig. Meine Eltern waren Mitglieder der inzwischen verbotenen Kommunistischen Partei, dort hatten sie einander Anfang der zwanziger Jahre auch gefunden. Mein Vater aber war außerdem Jude, und darum galt ich nach den Nürnberger Rassegesetzen als »Mischling ersten Grades«. Wohlmeinende Genossen hatten meiner Mutter den dringenden Rat gegeben, das Kind taufen zu lassen, damit ich nicht als »Halbjude«, sondern als »halber Arier« gelten könnte.

Die Taufe fand am 30. Juli 1939 statt, ein Dreivierteljahr nach den Pogromen der sogenannten Reichskristallnacht vom 9. November 1938. Der Pastor wird geahnt haben – nein, er hat wahrscheinlich gewußt, warum eine fremde kommunistische Arbeiterfrau, deren jüdischer Mann als Häftling im Gefängnis sitzt, zu ihm in die Sankt-Annen-Kirche kommt, um ihr Kind taufen zu lassen. Die Taufe sollte mich schützen vor Diskriminierungen, retten vor befürchteten Maßnahmen des Staates, bewahren vor der Vernichtung, eine Gefahr, die viele in Nazideutschland wußten und die wenigsten wahrhaben wollten.

Der Tag meiner Taufe kann nur ein Sonntag gewesen sein, denn wochentags arbeitete meine Mutter Emma in der größten Hamburger Reinigungsfirma Dependorf, zuerst als Putzfrau, und weil sie tüchtig war, stieg sie schnell auf zur Expedientin. Die Kirche *Sankt Annen* am breiten Mittelkanal in Hammerbrook lag nur zwei Straßen entfernt von unserer Wohnung in der Schwabenstraße 50 a. Der Herr Pastor, ein Dr. E. Smechula, erwartete uns an der großen halboffenen Kirchentür, vermutlich nach der Predigt, denn die Kirche war leer. Damals begriff ich gewiß wenig, wer weiß: nichts. Aber heute zumindest das: Es war eine verrückte Situation, ein herzzereißend komisches Kapitel aus dem tragischen Familienroman vom schwierigen Überleben in der Hitlerzeit.

Ich hatte an diesem Sonntagmorgen mein Spielzeug dabei,

wir wollten anschließend mit der U-Bahn ins Grüne fahren, ans Ufer der Bille, wo schöner Sand war. Ich zog mein vertrautes Leiterwägelchen hinter mir her, in dem ein buntes Blecheimerchen schepperte, dazu Backebackekuchenformen, ein Schaufelchen und ein Sandsieb aus Draht. Mein Leiterwägelchen mit der Deichsel wurde vor der mächtigen Kirchentür in einer Nische abgestellt.

Ich erinnere den Pastor: Ein großer dunkler Mann mit einer weichen warmen Hand, die einfach meine kleine Kinderhand ergriff und mit mir durch das Kirchenschiff nach vorne zum Altar ging. Gottes Haus leuchtete im Schimmerlicht. Hinter uns liefen Mama und Oma Meume. Martha »Meume« Dietrich, die in ihrer langen Proletarierkarriere tausend Kilometer Schafs- und Schweinedärme gereinigt, abgemessen und gebündelt hatte für die Wurstproduktion, spielte die Taufpatin. Die beiden parteifrommen Kommunistenweiber setzten sich in die erste Reihe. Seitwärts links das hohe steinerne Taufbecken. Dort stand ich mit dem dunklen Mann. Der Hirte hielt eine kleine Predigt, deren Sinn mich nicht erreichen konnte, aber ich erinnere, daß er zwischen den Worten immer wieder sang. Ohne Orgel, versteht sich. Begleitet wurde er nur von einem unhörbaren Engelschor und von meiner Oma Meume.

Meine Oma muß damals Mitte Fünfzig gewesen sein. Sie sang voller Inbrunst dem Prediger hinterher, sie kannte alle Strophen. Die Kirchenlieder hatte sie in ihrer Kindheit gelernt. Ja, meine Oma Meume sang – wie es bei Heinrich Heine im Wintermärchen über das kleine Harfenmädchen an der deutschen Grenze bei Aachen heißt: Sie sang mit wahrem Gefühle / Und falscher Stimme, doch ward ich sehr / Gerühret von ihrem Spiele.

Die Arbeiterin aus den stinkenden Darm-Kellern sang so

laut – »Aus tiefer Not schrei ich zu DIR!« –, sie plärrte so unbekümmert daneben, daß es meiner Mutter nicht etwa das Herz rührte! Emma Biermann war eine stolze, eine vernunftgebrannte Gottesleugnerin und viel zu musikalisch. Sie knuffte ihrer verwandten Falschsängerin in die Seite. »Du singst falsch!!« zischte sie.

Doch diese strenge Zurechtweisung hatte eine unerwartete, eine fatale Wirkung: Die heimliche Christin Oma Meume wurde aus ihrem beseelten Mitsingen herausgerissen und stürzte in ein unfreiwilliges Lachenmüssen, das ihr übermächtig wurde. Sie wollte natürlich – um Gottes willen! – die Zeremonie nicht stören und unterdrückte dieses absurde, sie peinigende Lachen. Doch der Affekt schaukelte sich hoch: Je mehr meine arme Oma gegen den Drang ankämpfte, desto schmerzhafter schüttelten sie die Eruptionen ihres Zwerchfells. Meine Mutter haute ihrer Mutter abermals mit dem Ellenbogen in die Seite, nun schon hilflos brutal. Beiden Frauen war bewußt, worum es hier ging. Beide hatten die panische, nein, die begründete Angst, daß der wohlwollende Herr Pastor Smechula – beleidigt über so viel Albernheiten und Mangel an Respekt – den Taufakt abbricht.

Oma Meumes Widerstand gegen ihren übermächtigen Lachreiz war offenbar nicht zu gewinnen. Plötzlich entdeckte meine Mutter mit Entsetzen, daß die lachende Alte, im Krampfkampf gegen das Lachen, nun auch noch das Wasser nicht hatte halten können. Ein pieseliges Rinnsal, vom Fuße Oma Meumes herab, suchte sich auf dem kalten Steinboden der Kirche seinen Weg und bewegte sich schleichend, aber unaufhaltsam auf das nahe Taufbecken zu. Mit einer Urgewalt hatte das Lachen auch die Blase der abgearbeiteten Frau überwältigt.

Der gute Hirte jedoch tat unerschütterlich dem vorgeschriebenen Ritus Genüge, so, als lenkte ihn eine fromme Furcht vor dem HErrn, der womöglich eine überhastete Verkürzung der vorgeschriebenen Zeremonie nicht straflos hinnehmen würde. Der dunkle Mann griff in das steinerne Becken und benetzte meinen kleinen Kopf – Gottes Dolmetzsch würde besser sagen: Er taufte mit »durchgottet Wasser«. Und als ich mit heller, klarer Kinderstimme fragte: »Onkel, warum machstu mich naß?« – da kippte auch meine überangestrengte Mutter ins Lachen, und es gab auch für sie kein Halten mehr, die Kommunistenweiber beide krümmten sich und kämpften immer aussichtsloser gegen die unbesiegbaren Erschütterungen in ihrem Inneren an.

Kaum zu glauben, daß der Pastor dies alles nicht bemerkt haben sollte, doch der große dunkle Mann führte seine Zeremonie unerschütterlich zum Ziel. Am Schluß griff er sich wieder meine Hand und ging mit mir gemessenen Schrittes den langen Weg durch den Mittelgang, vorbei an leeren Bänken, zurück. Die Taufe, das ist der Weg zurück in die Geborgenheit. Die Frauen, wie zu Beginn, liefen hinter uns her, eine kleine Prozession. Als wir an das schwere Kirchentor kamen, stemmte der Mann den Türflügel auf und verabschiedete sich von uns. Das Tor fiel wieder ins Schloß. Ich ging zu meinem Leiterwägelchen.

Wir standen allein auf der Straße. Und nun brachen beide Frauen, Mutter und Großmutter, in ein haltloses Schluchzen aus, in ein hemmungsloses Gewein, nein, schlimmer: in ein tiermenschliches Heulen. Solche tiefen Schreckenstöne waren mir neu und ängstigten mich.

Verrückt verschieden haben diese beiden Frauen gelacht und geweint. Meine Großmutter Martha Dietrich, geborene Schimpf, einst aufgewachsen in Halle an der Saale als Waise. Ihre Mutter starb im Kindbett an Tuberkulose. Der Vater verlor gleich danach seine rechte Hand in einer Maschine und soff sich fortan zu Tode mit der Linken. So vegetierte die kleine Martha Schimpf mit Vater Gott allein im Waisenhaus – da gab es zu wenig Essen, zu viele Gebete und noch mehr Prügel. Und darum sang sie so laut und lachte so verzweifelt und weinte so hemmungslos bei der Taufe ihres Enkels. Es kam aus dem tiefsten kindlichen Kummer. Gott hatte sie dermaßen schäbig im Stich gelassen, daß sie nach dem Ersten Weltkrieg – Gott sei's geklagt! – ein Kommunistenweib hatte werden müssen!

Im klassenbewußten Herzen ihrer Tochter aber, in Emma Biermann, wütete Zorn, schwelte ein Haß und brannte die Scham. So weit war es also gekommen mit ihrem Leben, mit der starken deutschen Arbeiterklasse, ja, mit der ganzen Weltrevolution, so weit, daß sie im Freiheitskampf der Menschheit als Kämpferin für den Kommunismus nun der Kirche unter den Rock kriechen mußte, nur um das Leben ihres Kindes vor dem Hitler-Staat zu retten.

Schön verschieden auch erzählten Mutter und Tochter später immer wieder die gleiche Geschichte. Oma Meume fand, daß sie überhaupt nicht falsch gesungen habe. Und unter sich weg gemacht erst recht nicht. Sie klagte: » ... das is mal wieder typisch meine Emmsch ihre Übertreiberei.« Sei es, wie es war. Der plietsche Täufling jedenfalls genoß in der Sankt-Annen-Kirche ein Privileg: Er wurde gebenedeit mit einem besonderen Wasser, dem Wunderwasser seiner Großmutter. Und von dieser alten Arbeiterfrau mit den zerschundenen und behutsamen und harten Händen habe ich die Schmalzbrote meiner Kindheit empfangen wie plebejische Hostien.

Jahrzehnte später, entdeckte meine Frau Pamela in seiner Personalakte, daß Pastor Dr. Adolf Ernst Smechula Mitglied der SA war und der »Glaubensbewegung Deutsche Christen«

angehörte, die sich auch »SA Jesu Christi« nannte. Jenen Protestanten also, die ihre antisemitischen und nationalsozialistischen Vorstellungen durch die Übernahme des »Arierparagraphen« in die Kirchenverfassung durchgesetzt hatten und dadurch ihre Gegenbewegung, die Bekennende Kirche, auslösten.

Und mindestens einer weiteren jüdischen Familie hatte Pastor Smechula geholfen. Smechula stellte dieser Familie nicht nur falsche Papiere aus, sondern er beeidigte zudem, die Familie sei seit Generationen Mitglied der St.-Annen-Gemeinde. Er schützte die Familie vor einem wütenden Wohnungsblockwart, der sich beschwerte, daß sie nicht an den von ihm angesetzten Versammlungen der Volksgemeinschaft teilnehmen wollte. Pastor Smechula behauptete, das Ehepaar hätte in der Kirche Pakete für die Soldaten an der Front zu packen. Und das sei schließlich wichtiger!

Wie paßt das zusammen? Vielleicht weiß Gott es – ich kann's nicht wissen. Die St.-Annen-Kirche wurde genau vier Jahre nach meiner Taufe, im Sommer 1943 in den Bombennächten und im Feuerinferno, total zertrümmert. Dazu die Wohnhäuser, die Fabriken und mein Leiterwägelchen – ganz Hammerbrook verglühte unter dem Bombenteppich. Geblieben ist nur der Kanal, und die Wasser, die da stehn, stille wie eh und je, schlammfaulig und schwarz.

Ich besitze noch die originale Tauf-Urkunde mit der Unterschrift des Pastors. Das Blatt Papier wurde gerettet, es ging mit meiner Mutter und mir im Handköfferchen durch die Feuer der großen Bombennacht im Juli 1943. Mein Taufspruch ist verzeichnet: MC 10/13 a. Wäre ich fromm, würde ich behaupten: der Bibelspruch paßt! Im Markus-Evangelium steht an dieser Stelle über Jesus Christus: »Und sie brachten Kindlein zu ihm, daß er sie anrührte.« Dieser dunkle Mann vom Bodenpersonal Gottes hat mich in allerhöchster Not angerührt. Ich vermute, er hatte den Mut, es zu tun, weil er zu unserem Glück an das Wort seines Herrn glaubte, das da geschrieben steht: »Lasset die Kindlein zu mir kommen und wehret ihnen nicht ...«

Smechula wurde 1947 von der Evangelischen Kirche Hamburgs, offiziell aus gesundheitlichen Gründen und angeblich auf eigenem Wunsch, in den Ruhestand versetzt. Damit sollte ein Disziplinarverfahren gegen ihn vermieden werden, denn Semchula hatte bei der Entnazifizierung behauptet, er hätte nur am Anfang des »Dritten Reiches« die Deutschen Christen unterstützt. Später sei er von der Bewegung gar ausgeschlossen worden. Das genaue Gegenteil war leider der Fall. Der Pastor unternahm einen Verschleierungsversuch, der aber von der Kirche nicht unentdeckt blieb. War Smechula sich des Ausmaßes seiner Handlungen klar?

Entgegen den Richtlinien des Rates der EKD zur Durchführung der Selbstreinigung der Kirche wurde Smechula erneut 1950 zum Pastor der Kirche St. Annen ernannt und war dort bis zu seinem plötzlichen Lebensende 1961 tätig.

In seinem Nachruf heißt es: »Pastor Dr. Smechula gehörte zu der Generation, die noch vor dem 1. Weltkrieg studierte und die von den theologischen Lehrern jener Zeit die Prägung für Leben und Amt erfuhr.« Die Gemeinde verabschiedet ihn mit den Worten: »Also auch ihr; wenn ihr alles getan habt, was euch befohlen ist, so sprechet: Wir sind unnütze Knechte; wir haben getan, was wir zu tun schuldig waren« (Luk. 17,10).

Das Barlach-Lied (1963)

Ach Mutter mach die Fenster zu
Ich glaub es kommt ein Regen
Da drüben steht die Wolkenwand
Die will sich auf uns legen

> Was soll aus uns noch werden
> Uns droht so große Not
> Vom Himmel auf die Erden
> Falln sich die Engel tot

Ach Mutter mach die Türe zu
Da kommen tausend Ratten
Die hungrigen sind vorneweg
Dahinter sind die satten

> Was soll aus uns noch werden
> Uns droht so große Not
> Vom Himmel auf die Erden
> Falln sich die Engel tot

Ach Mutter mach die Augen zu
Der Regen und die Ratten
Jetzt dringt es durch die Ritzen ein
Die wir vergessen hatten

> Was soll aus uns noch werden
> Uns droht so große Not
> Vom Himmel auf die Erden
> Falln sich die Engel tot

Ich möchte, wenns mich müdet, einen Wein

für Jürgen Fuchs   (1975/1994)

Ich möchte, wenns mich müdet, einen Wein
Dazu Gespräche ohne Quatschen
Schwamm über die Vergangenheit! Laß sein!
Schluck runter, laß dich nicht zermatschen!

Schluck runter, laß dich nicht zermatschen
Von der Erinnerung! Dem Haß entfliehn
Ist irre schwer. Tief sitzt der Gram
Vergeben solln wir und vergessen
Den Seelenfraß aus Zorn und Scham
Vergessen diese falschen Fressen

Vergessen all die falschen Fressen
Ist fast zu schwer. Mein Herz ist stur
Die toten Kröten soll ich schlucken
Mir auf die Zunge beißen und mich nur
’ner Hand voll Freunden öffnen? – Nee!
Nee! geht mir ab mit der Tortur

Nee! geht mir ab mit der Tortur
der Selbstverleugnungsharmonie
Die Lügen – auch die kleinen – nein!
Ich hab sogar die frommen satt
Nie mehr das Brett vorn Kopp, und nie
Nie wieder vor den Mund das Blatt!

Ich möchte, wenns mich müdet, einen Wein
Dazu Gespräche ohne Quatschen
Dazu ein Lied im Abenddämmerschein
Mal ohne Rampenlicht und Klatschen.

Ich bin zu müd fürs Schlausein und zu stolz
Zu alt für euern Harlekin
Den Tod nicht mehr – ich fürchte nur noch
Ein falsches Leben auf den Knien

Und wir hatten keine Höhle (1975)

Und wir hatten keine Höhle
Und wir fanden kein Versteck
Und wir schliefen im Gegröle
Und wir saßen nackt im Dreck
   irgendein Loch
   brauchen wir doch
   da oder hier
   du Menschentier
   mein Menschentier

Diese Stadt hat uns erbrochen
In die Nächte laut und hell
Doch wir haben uns verkrochen
Einer in des andern Fell
   irgendein Loch
   brauchen wir doch
   da oder hier
   du Menschentier
   mein Menschentier

Mann, die Stadt is tote Hose
Und die Häuser stehn dumm rum
Und was fest war, das is lose
Und was grade war, is krumm
   irgendein Loch
   brauchen wir doch
   da oder hier
   du Menschentier
   mein Menschentier

Wendungen (2005)

Doch! wichtig ist all unsre Nichtigkeit
Im Tohuwabohu der Weltgeschichte
So wichtig vor allen Göttern, so toll
Ja, wir sind klein, krumm, schwach und schief
Und was daran dermaßen wichtig sein soll?
Nur: Daß wir um unsre Nichtigkeit wissen
Trotz alledem noch den Kopf tragen: hoch!
Klein beigeben? Nicht! Und Luft holen: tief!

Ach, immerzu muß wohl der Welt ein Weiser
Den Narren machen. Sind also selig
All jene, die geistlich arm sind und glücklich
Sind reicher, die geistig noch ärmer sind?
Und macht also, was ich nicht weiß, mich heiß?
Ja ja! und nein nein! Ich weiß nicht mal das, Mann
Ach, weil ich ja wissen nicht einmal das kann
Ob ich wirklich ich bin, der da nicht weiß.

Die Bibel-Ballade (1974)

1

Die roten Fahnen hingen alle grau und krank
Im Regenhimmel rum. Aus mancher Fensterbank
Erbrach das Fahnentuch vor Scham sein letztes Rot
Da kamst du hergetanzt mit unterm Arm die Schuh'
Verschlungen hast du mich, Stück weggeworfen Brot
In diesem Land, wo alle satt sind. Aber du
Du warst mein neues Deutschland und mein alter Traum
Von Küssen unterm großen Kirschenbaum

2

»Ach, es geht mir wie einem, der im Weinberge
Nachliest, da man keine Trauben findet zu essen
Und wollte doch gern die besten Früchte haben
Die frommen Leute sind weg in diesem Lande
Und die Gerechten sind nicht mehr unter den Leuten
Sie lauern alle auf Blut, ein jeglicher
Jagt den andern, daß er ihn verderbe
Und meinen, sie tun wohl daran
– wenn sie Böses tun
Was der Fürst will, das spricht der Richter
– daß er ihm wieder einen Dienst tun soll
Die Gewaltigen raten nach ihrem Mutwillen Schaden zu tun
– und drehens, wie sie wollen
Niemand glaube seinem Nächsten!
Niemand verlasse sich auf Fürsten
Bewahre die Tür deines Mundes
– vor der, die in deinen Armen schläft!«

das weiß ich doch selber: der Knüppel, du Krüppel
der arme Knüppel, er kann nichts dafür. Und
trotzdem! es ist ja der dreimal verfluchte
der Knüppel, den ich auf dem Rücken spür. Ach
warum, warum mußte sich
mein liebes Liebchen gegen mich
so prompt zum Knüppel machen
– zum Knüppel machen lassen?! aus Liebe
kommt, ach das tut weh, aus Liebe
kommt so prompt das blinde Hassen

3

Und es begab sich im fünfundzwanzigsten Jahr
Der Deutschen Demokratischen Republik, da
Ließen die Herrschenden sich vom Volk
Ein gewaltiges Haus baun, mitten in Berlin
Auf dem Marx-Engels-Platz
Und sie gaben dem Bau diesen Namen: Palast
Der Republik. Da sagten die Bauarbeiter:
Das ist uns ein herrlicher Sozialismus mit einem
Palast in der Mitte. Da tauften die Kumpels
Das Werk ihrer Hände »Palatzo di Protzo«
Und lachten untereinander und bauten weiter. Und
Als der Beton gegossen wurde
Und die Stahlkonstruktion wuchs
In den geteilten Himmel dieser Stadt
Da schlief ich lange Nächte bei meiner Liebsten
Und ihr Vater war beim Palastbau Direktor
Für Projektierung und Mitglied
Der Bezirksleitung des Großen Vereins
Da kauften seine Genossen von der Staatssicherheit
Sich den Vater und sagten ihm: Du, deine Tochter

Entweder sie geht weg von diesem Menschen
Oder du kannst beim Palast deinen Posten
Nicht länger behalten
     das weiß ich doch selber: die Kugel, du Kluge
     die arme Kugel, sie kann nichts dafür. Und
     trotzdem! es ist ja die dreimal verfluchte
     die Kugel, die ich jetzt im Bauche spür. Ach
     warum, warum mußte sich
     mein liebes Liebchen gegen mich
     so prompt zur Kugel machen
     – zur Kugel machen lassen?! aus Liebe
     kommt, ach das tut weh, aus Liebe
     kommt so prompt das blinde Hassen

4
»Ich wandte mich und sah an alles Unrecht
Das geschah unter der Sonne. Und siehe
Da waren Tränen derer, so Unrecht litten
Und hatten keinen Tröster
Und die ihnen Unrecht taten – waren zu mächtig
So daß sie keinen Tröster haben konnten!
Ich sah an Arbeit und Geschicklichkeit
In allen Sachen. Da neidet einer den andern, das
Ist auch eitel und Haschen nach Wind. Ein Narr
Schlägt die Finger ineinander und verzehrt sich selbst
So ist's ja besser zwei als eins, denn
Sie genießen doch ihrer Arbeit wohl
Fällt ihrer einer, so hilft sein Gesell ihm auf
Weh dem, der allein ist, wenn er fällt
So ist kein anderer da, der ihm aufhelfe! Auch
Wenn zwei beieinanderliegen, wärmen sie sich. Wie
Kann ein Einzelner warm werden? Einer

Kann überwältigt werden. Aber zwei
  Mögen widerstehn«
    das weiß ich doch selber: das Messer, du Fresser
    das arme Messer, es kann nichts dafür. Und
    trotzdem! es ist ja das dreimal verfluchte
    das Messer, das ich an der Kehle spür. Ach
    warum, warum mußte sich
    mein liebes Liebchen gegen mich
    so prompt zum Messer machen
    – zum Messer machen lassen?! aus Liebe
    kommt, ach das tut weh, aus Liebe
    kommt so prompt das blinde Hassen

5

Kennst du mich noch? Ich kenn mich selbst nicht mehr
Seit du mir schweigst, bin ich von allem Leben leer
Und seh' nicht, kann nicht, mag nicht, will nicht
                                    und seh' doch:
Reif ist das Jahr. Die Kirschen platzen auf vor Lust
Und ich lieg eingemauert hier im Loch
Und halt mein Herz fest in der aufgebrochnen Brust
Daß es nicht auf die Straße springt und schreit, wenn du
Im Blauhemd hier vorbeimarschierst! mit Sand im Schuh

Durst (1984)

Ich hatte so Durst im siebenten Jahr
Da ging unser Glück in die Brüche
Du sagtest: Um Liebe bittet man nicht
Und: Zerbroch'ne Tassen kittet man nicht
– hör auf, das sind alles so Sprüche

Und hat sich dein Sinn von mir abgewandt
– auch Wenden können sich wenden
Mein Herzchen, dein kalter Kaffee stinkt
Wer wirklich Durst hat, du, der trinkt
Auch Wasser aus hohlen Händen

Einsam war ich lange Jahre (1963)

Einsam war ich lange Jahre
In dem Menschenwimmel
Hatte überm Kopf nur Haare
Unterm Haar nur Himmel

Església Catedral Basilica de Santa Maria (2005)
für Pamela, und wieder

Die Stadt döst vor sich hin, Siesta, keine Menschenseele
Die Mittagssonne grillt den Platz. Wir flohen lichtumflutet
Die Stufen hoch. Die schwere Türe knarrte auf. Schnell rein
Verloren haben wir da nichts zu suchen, nichts zu finden
        nebbich – soll sein!

Gottlos gebenedeit stehn wir in der Basilika
Getaucht ins Dunkel, mittelalterliche Moderdünste
Und das traf wie ein Blitz – von innen schlug er in mich ein
Daß menschgemachte Finsternis dermaßen blenden kann!
        nebbich – soll sein!

Die Augen lernten bald die Nacht am Tag, sahn wieder durch
Der Papst liegt aus, als bunter Flyer, nah am Opferstock
'ne Neige Wasser spiegelt matt das Schwarz im Schüsselstein
Vom Tonband plätschert Evangelisches von Meister Bach
        nebbich – soll sein!

Die Kathedrale in Girona ist geweiht der Mame
Des Juden, dessen Leib genossen wird als Hostie
Im Land der Trauben trinkt man Christi Blut als roten Wein
Doch mir schmeckt keines Menschen Leib, noch
                          eines Gottes Blut
        nebbich – soll sein!

Ich sah dein Antlitz schimmern da in dieser Düsternis
Und weiß nicht mal warum, mein Lieb, du
                              sahst mir traurig aus
Die Mutter mit dem Kind in Gold und
                              Blau mit Heil'genschein
Sah blind auf uns herab, wir haben keinen lieben Gott
                    nebbich – soll sein!

Ich neide jedem Gläubigen sein frommes Steinefressen
Mir fehlt die Kraft zum Schwachsein, kann
                              mich nicht so unterwerfen
Mag sein, daß grade das mich lockt in solch ein Gotteshaus
Im Mutterschoß der Kirche müßte ich mich selbst vergessen
Und darum, meine Liebste,
                    nebbich – ging ich lieber raus

Großes Gebet der alten Kommunistin Oma Meume in Hamburg (1967)

1

GOtt, lieber Gott im Himml, hör mich betn
Zu Dir schrei ich wie in der Kinderzeit
Warum hat mich mein armer Vater nicht zertretn
Als ich noch selig schlief in Mutters Leib
Nun bin ich alt, ein graues taubes Weib
Mein kurzes Leben lang war reichlich Not
Viel Kampf, mein Gott, viel für das bißchen Brot
Nach Friedn schrie ich in die großn Kriege
Und was hab ich erreicht? Bald bin ich tot
O GOtt, laß DU den Kommunismus siegn!

2

Gott, glaube mir: Nie wird der Mensch das schaffn
Ich hab mich krummgelegt für die Partei
Erinner Dich, wie ich Karl Scholz mit Waffn
Bei mir versteckt hab und bekocht dabei!
Auf Arbeit Tag für Tag die Schinderei
Dann dieser Hitler, das vergess' ich nie
Wie brach unsre Partei da in die Knie
Die Bestn starbn im KZ wie Fliegn
Die andern sind verreckt im Krieg wie Vieh
O GOtt, lass DU den Kommunismus siegn!

3

Mensch, Gott! Wär uns bloß der erspart gebliebn
Der Stalin, meintwegen durch ein Attntat
Gott, dieser Teufel hat es fast getriebn
– verzeih – wie ein Faschist im Sowjetstaat

Und war doch selber Kommunist und hat
Millionen Kommunisten umgebracht
Und hat das Volk geknecht mit all die Macht
Und log, das Aas, daß sich die Balkn biegn
Was hat der Hund uns aufn Hund gebracht
O GOtt, lass DU den Kommunismus siegn!

4
Stoßgebet
Mach, daß mein herznslieber Wolf nicht endet
Wie schon sein Vater hinter Stachldraht!
Mach, daß sein wirrer Sinn sich wieder wendet
Zu der Partei, die ihn verstoßn hat
Und mach mir drüben unsern Friednsstaat
So reich und frei, daß kein Schwein mehr abhaut
Und wird dann auch die Mauer abgebaut
Kann Oma Meume selig auf zum Himml fliegn
Sie hat ja nicht umsonst auf Dich gebaut
Dann, lieber Gott, wird auch der Kommunismus siegn!

Totenlied für Jürgen Fuchs (1999)

Im wunderschönen Monat Mai
Als alle Knospen sprangen
Da ist mein Freund den letzten Weg
Nach Nirgendwo gegangen
Dort wartet er nun ohne Hast
Auf mich. Mir kann er trauen:
Ich komme nach! Dann warten wir
Auf unsre lieben Frauen

Im wunderschönen Monat Mai
Der Raps stand voll in Blüte
Das große Gelb versprach mir, daß
Es meinen Freund behüte
In dieser ewigkalten Nacht
Braucht er 'ne kleine Sonne
Damit die Zeit ihm schnell vergeht
Bis ich dann endlich komme

Bilanzballade im dreißigsten Jahr (1966)

Und doch: Die Hundeblume blüht
Auch in der Regenpfütze
Noch lachen wir
Noch machen wir nur Witze!

Nun bin ich dreißig Jahre alt
Und ohne Lebensunterhalt
Und hab an Lehrgeld schwer bezahlt
        und Federn viel gelassen
Frühzeitig hat man mich geehrt
Nachttöpfe auf mir ausgeleert
Die Dornenkrone mir verehrt
        ich hab sie liegenlassen

Und doch: Die Hundeblume blüht
Auch in der Regenpfütze
Noch lachen wir
Noch machen wir nur Witze!

Warum hat mich mein Vater bloß
Mit diesem folgenschweren Stoß
Gepflanzt in meiner Mutter Schoß
        – vielleicht, damit ich später
Der deutschen Bürokratensau
Balladen vor den Rüssel hau
Auf rosarote Pfoten hau
        die fetten Landesväter

Und doch: Die Hundeblume blüht …

Ich hab mich also eingemischt
In Politik, das nützte nischt
Sie haben mich vom Tisch gewischt
                wie eine Mücke
Und als ich sie in' Finger stach
Und mir dabei den Stachel brach
Zerrieben sie mich ganz gemach
                in kleine Stücke

      Und doch: Die Hundeblume blüht …

Dies Deutschland ist ein Rattennest
Mein Freund, wenn du dich kaufen läßt
Egal, für Ostgeld oder West
                du wirst gefressen
Und während man noch an dir kaut
Dich schlecht bezahlt und gut verdaut
Bevor der nächste Morgen graut
                bist du vergessen

      Und doch: Die Hundeblume blüht …

Ich segelte mit steifem Mast
Zu mancher Schönen, machte Rast
Und hab die andern dann verpaßt
                es gibt zu viele
Jetzt hat mein schönes Boot 'n Leck
Die Planken faulen langsam weg
Es tummeln sich, ich seh mit Schreck
                die Haie unterm Kiele

      Und doch: Die Hundeblume blüht …

Die Zeit hat ungeheuren Schwung
Paar Jahre bist du stark und jung
Dann sackst du langsam auf den Grund
   der Weltgeschichte
So manche Generation
Lief Sturm auf der Despoten Thron
Und wurd beschissen um den Lohn
   und ward zunichte

  Und doch: Die Freiheitsblume blüht
  Auch in der Regenpfütze
  Noch lachen wir
  Noch machen wir nur Witze!

Lied des alten Kommunisten F.* (1967)

Die Jahre verrasseln mich
immer mehr ins
immer Weniger

So aber, Genosse, geh ich zum Tod:
wissend und trotzdem handelnd
handelnd und trotzdem lachend

Lachend, mit zahnlosem Mund
beiß ich mein Brot

* Dr. Heinrich Fick in Mecklenburg, der ewige Bauer, der wache Soziologe, der kritische Kommunist, der freie Christ

Bildnis einer jungen Frau (1987)
Sarabande für Meleken

Ich weiß wo ich herkomm
Und weiß auch wo ich bin,
Doch müßt ich jetzt sterben
Dann wüßt ich nicht, wohin
Ach Weggehn macht traurig,
Und Bleiben tut weh,
Es wachsen die Knospen
Schon unter dem Schnee

Es fängt ja der Frühling
Im Winter schon an,
Das will ich: Dein Weib sein,
Und du, du sei mein Mann!
Mir wächst unterm Herzen
Ein Menschlein von dir
– so hab ich dich sicher,
Auch wenn ich dich verlier

Pin Parasol (2002)

Vom Hausberg runter auf Banyuls-sur-Mer strahlt weiß
Im gelben Glast der Sonne die Chapelle la Salette
Ein starker Pinienbaum, genannt Pin Parasol
beugt sich zu ihr herab als dunkle Silhouette

Ich schätz mal: Fünfundvierzig Grad: Schon
                                 ganz schön schräg
Neigt Gottes grüner Sonnenschirm sich sturmzerzaust
Mit gradem Nadeldach auf schiefgewachsnem Stamm
Zum Kirchlein, wo nicht mal ein armer Teufel haust

La Tramontane heißt der Nordwind, der hier herrscht
Die Pyrénéen will er gen Süden runterdrücken
Nach Spanien, seit Äonen rennt er wütend an
An diesem Baum da oben hat er sein Entzücken

Den hat er tief gebeugt. Das seh ich gern und denke
Der Stamm – ok! – gebeugt, jedoch gebrochen? Nein!
Mensch, sonnenklar was mir am Parasol gefällt:
So bin ich! Und will lieber sagen: will so sein.

Heimweh (2006)

Die heile Heimat Utopie hab ich verloren
Dafür und ganz kaputt die halbe Welt gewonnen
Als Kommunistenketzer ward ich neu geboren
Als Mann erst ist mein Kinderglaube mir zerronnen

Hab manchmal Heimweh noch nach diesem blöden Hoffen
Statt Mensch wär ich viel lieber Marxens Zwergenriese
Die alte Sehnsucht macht mich manchmal noch besoffen
Spür nächtens den Phantomschmerz aus dem Paradiese

Dies Höllen-Heimweh trieb mich weg vom Vaterlande
Ins Land der Troubadours, wo Wein wächst wie die Lieder
Es trieb mich auch ins Land der Väter, fern am Rande
Traf dort dreitausend Jahre alte Freunde wieder

Allein in meinem kurzen Menschenleben fraß ich
Zwei Diktaturen, schluckte mehrere Epochen
Die echten Kriege, falschen Frieden – nichts vergaß ich
Hab oft nach Angstschweiß wie nach Heldentum gerochen

Schlief tief im feinen Duft aus deinen Lebenssäften
Mein Weib, du bist Utopia für mich geblieben
Ich könnt nicht singen, dichten, hassen, schrein nach Kräften
Schon gar nicht schweigen ohne unser blindes Lieben

Ich glaube an Gott.
Die Junge Gemeinde 1953

Unter Kommunisten war es in den fünfziger Jahren in Hamburg eine verlockende Aussicht, die eigene Brut in die DDR zu schicken, ins sozialistische Land aller Werktätigen, das auferstanden war aus Ruinen. So wie ich gemacht war, wollte auch ich nach Osten. Jonny Löhr, ein alter Genosse meiner Mutter Emma, organisierte für mich in der DDR einen Internatsplatz. Mitte Mai 1953, also kurz nach Stalins Tod und kurz vor dem Volksaufstand am 17. Juni, zu einer Zeit, in der Hunderttausende Deutsche umgekehrt aus dem Osten in den Westen flohen, verließ ich Hamburg. Ich wollte lieber von den richtigen Leuten das Richtige lernen und helfen den Sozialismus aufzubauen, statt im westlichen Kapitalismus gegen die Ausbeuter anzukämpfen. Heute, ein langes Leben später, weiß ich: Die Flüchtlinge von Ost nach West hatten ihre guten Gründe. Aber ich frommes Kommunistenkind brauchte die Flucht in den Osten. Ich brauchte für meine Lebenslektion im Arbeiter-und-Bauern-Paradies.

In Gadebusch bei Schwerin, wo mir der Platz im Internat zugewiesen worden war, empfing mich der Internatsleiter Rauhut. Ein Vier-Mann-Zimmer, zwei Doppelstockbetten, das untere rechts frei für mich. Er drückte mir einen Zettel in die Hand, die Hausordnung mit dem Tagesablauf: Wecken über Lautsprecheranlage, Frühstück, Schule, Mittagessen, Schularbeiten bis vier, Abendessen, Bettruhe.

Gleich zum ersten Mittagessen kam der Schuldirektor Ewers und hielt im Speisesaal eine knappe Begrüßungsrede:

»Wolf Biermann aus Hamburg ... sein Vater von den Faschisten ermordet ... Wolf ist einer von den vielen, die aus dem reaktionären Westdeutschland, aus dem Staat der Krupps und Thyssens und Schlotbarone und der Adenauer-Clique zu uns in den Friedensstaat kommen ... Bei uns im Arbeiter-und-Bauern-Staat gehen die Kinder der Arbeiter und Bauern zur Oberschule, die mit Stolz den Namen Heinrich Heine trägt. Die Kinder des Volkes wohnen hier in einem Schloß. So etwas gibt es nur in der DDR. Für den Sieg des Sozialismus in ganz Deutschland wollen wir hier fleißig lernen und arbeiten.«

Der gestelzte Ton war mir fremd, aber ich war froh. Jede Phrase in dieser Willkommensrede war für mich eine Herzenswahrheit. Ich war aus meiner Vaterstadt Hamburg endlich! in meinem Vaterland angekommen, in meinem eigenen Deutschland. Ich fühlte mich erwartet und willkommen. Alles war gut, alles anders, alles besser. Hier gehörte ich dazu. Hier galt ich als OdF, als ein »Opfer des Faschismus«, weil mein Vater als Widerstandskämpfer ermordet worden war. Die Zeile aus der DDR-Nationalhymne »Lernt und schafft wie nie zuvor« hatte Johannes R. Becher also für mich persönlich gedichtet. Ich kriegte einen DDR-Personalausweis. Paradies auf Erden! Ein Konto wurde für mich eingerichtet. Der Staat zahlte mir monatlich hundert Mark, eine Art Waisenrente für die Zeit der Ausbildung. Und über die Frage, wer das Internat bezahlte, dachte ich überhaupt nicht nach. Was für ein Leben! Allein schon das gemeinsame Mittagessen! Gemeinsam Schularbeiten machen. Und vor allem: die Mädchen aus der 9. Klasse!

Eine Woche nach meiner Ankunft fand eine Vollversammlung meiner neuen Schule statt. Weil es noch keine Aula gab, versammelten sich alle Lehrer und Schüler in der Gaststätte

»Fortschritt« am Marktplatz vor dem alten Rathaus des Provinzstädtchens. Ein alter mecklenburgischer Tanzsaal. Es roch nach verschüttetem Bier, nach Schnaps und Zigarettenrauch und Parfum und Schweiß und Säuferkotz. Die kleine Bühne schulterhoch. Wo sonst die Bumskapelle zum Tanz aufspielte, war ein langer Tisch aufgestellt, geschmückt mit einem weißen Tischtuch und einer Blume. Vier Stühle. Die schwarz-rotgoldene Fahne der DDR und die blaue FDJ-Fahne mit der gelben aufgehenden Sonne kannte ich aus Hamburg. Die rote Fahne mit dem Emblem der SED war mir neu.

Links außen eine blonde junge Frau, die FDJ-Sekretärin der Stadt. Der Parteisekretär von Gadebusch neben ihr, daneben der Bürgermeister. Rechts außen der Schuldirektor, den ich ja schon kannte. Zwei Tagesordnungspunkte wurden verlesen. Erstens: »Wir Schüler und Lehrer der Heinrich-Heine-Schule protestieren gegen den geplanten Vollzug des Todesurteils auf dem elektrischen Stuhl im New Yorker Gefängnis Sing-Sing. Wir erheben unsre Stimme gegen den Justizmord an Ethel und Julius Rosenberg.« Das war schnell erledigt. Wir stimmten mit starker Kinderhand gegen den Mord in Amerika. Lehrer und Schüler beschlossen einstimmig, daß die beiden Friedenskämpfer in den USA keine Atomspione der Sowjetunion sind, sondern schuldlose Kämpfer für den Weltfrieden.

Aber dann Punkt zwei: die Junge Gemeinde. Mir Neuling war noch nicht im Kopf, dass es in der DDR noch eine andere Jugendorganisation gab als die FDJ. Die Junge Gemeinde gehörte zur evangelischen Kirche. Und schon gar nicht wußte ich, daß die Partei seit Wochen eine Kampagne gegen diese jungen Christen durchpeitschte. Alles lief wie geschmiert. An die zwanzig Schüler sollten öffentlich abschwören von ihrem Verein. Ein Name nach dem andern wurde aufgerufen.

Eine Zeremonie der Inquisition: Name. Aufstehn. Aufsagen: »Ich trete aus der Jungen Gemeinde aus.« Setzen. Danach der nächste Schüler mit dem gleichen Text: »Ich trete aus der ...«

Ich verfolgte diese Inszenierung. Ich sah die Gesichter der Zuschauer, roch die Angst. Diese herzlose Demütigung hatte nichts, aber auch gar nichts mit dem kommunistischen Paradies zu tun, das ich auf Wunsch meiner Mutter nun aufbauen sollte. Gegen Ende der Reihe wurde eine Schülerin der 9. Klasse aufgerufen. Ihr Name: Margot Ullerich. Dieses kleine, schmale, blasse Mädchen! Sie stand damals nicht auf, um auf Befehl abzuschwören. Sie sagte mit leiser Stimme: »Ich glaube an Gott.« Und dann noch mutiger und noch leiser: »Ich trete nicht aus der Jungen Gemeinde aus.«

Die Lehrer erstarrten. Es brüllte eine Stille in dieser stinkenden Kiste – so was hatte ich noch nie erlebt. Verlegenheit. Es war todernst albern. Ein Schüler lachte hysterisch auf, und das machte den Schock noch brutaler. Die FDJ-Sekretärin im Präsidium erhob sich und keifte wie ein Maschinengewehr. Sie beballerte das junge Mädchen mit ideologischen Phrasen. Ihr Gesicht blubberte, ihr Geifer kochte. Alle duckten sich weg. Kein Aas stand der jungen Gläubigen bei. Kein Lehrer, kein Schüler, schon gar keiner aus ihrer Christengemeinde. Es war ekelhaft komisch.

Nicht ich, meine Hand meldete sich. Direktor Ewers erteilte mir das Wort. Ich stand auf. Ich stoppelte eine Rede: »Ich bin Kommunist ... Ich bin gegen die Kirche ... Ich weiß, Religion ist Opium fürs Volk! ... Aber das, was hier gemacht wird, das ist ... kein Kommunismus! ... Dafür ist mein Vater nicht in Auschwitz gestorben, damit hier dieses Mädchen so unterdrückt wird!« In Wirklichkeit wußte ich weder, was Religion ist, noch, was Volk, und schon gar nicht, was Opium

bedeutet. Diese Phrase hatte ich von meiner Mutter aufge-
schnappt. Als rhetorischen Höhepunkt blaffte ich die üppi-
ge FDJ-Lady an: »Sie haben jetzt diese Schülerin beleidigt
und bedroht. Und wenn diese Versammlung vorbei ist, dann
gehen Sie gemütlich zurück in Ihr Büro, als wäre nix gewesen,
und sitzen sich dort zufrieden Ihren fetten Arsch breit!«

Der Direktor sprang auf. Er keuchte in tiefer Angst, freilich
eine Angst vor seiner Obrigkeit: »Dieser junge Mann hier ist
erst vor ein paar Tagen aus Westdeutschland zu uns gekommen, das ist gut so. Aber wie wir alle sehen, muss Karl-Wolf
hier bei uns, in der Deutschen Demokratischen Republik,
noch sehr, sehr viel lernen!« Dann entsicherte er eine erprob-
te rhetorische Waffe: »Aber wir wollen nicht jedes Wort hier
auf die Goldwaage legen, denn wie unser großer Goethe
schon sagte: ›Schnell fertig ist die Jugend mit dem Wort.‹
Genossen und Freunde, wir haben alle anstehenden Punkte
besprochen. Ich schlage vor, die Versammlung ist jetzt been-
det!«

Keiner widersprach. Auch ich ahnte nicht, dass das be-
rühmte Goethe-Zitat von Schiller stammt. Egal, es half. Die
Versammlung löste sich auf. Das war die erste lehrreiche Lek-
tion in meiner schönen neuen Welt.

Von den Menschen (1981)

krieg raus, wer du bist! und
schnüffel nicht Gott hinterher!
denn das, was die Menschheit ist
begreifst du am besten an dir

1

Ich taumel, wie du, auf dem schmalen Grat
Bin ganz – und vom Zweifel zerrissen
Denn wo wir glänzen, grad da sind wir fad
Sind albern in all unserm Wissen
Und wo wir groß sind, sind wir grob:
Ein Kuß mit dem Vorschlaghammer
Ein Streicheln mit der Forke
Im Lieben blöd, im Hassen öd
Verklemmt zwischen Baum und Borke

2

Gezottelt zwischen Gejammer und Spott
Wir schwanken beim Tun wie beim Lassen
Und wissen nicht: Bin ich nun Tier oder Gott
– Gott oder Tier –
Ein Raubtier, das betet, ein Gott, der beißt
Was ist denn im Menschen der Mensch?
Was man wohl menschlich heißt
Das faule Fleisch, der laue Geist
Das ist im Menschen der Mensch

3

Das große wie das kleine Licht
Geborn, um zu krepieren

Erleuchtet sind sie beide nicht
Wir grübeln, um zu irren
Und auch in deiner Brust verwirrn
Sich Leidenschaft und Verstand:
Der Mensch weiß das, was er glaubt!
Er täuscht. Er wird ent-täuscht. Und was
An Täuschung er braucht, grad das
Wird ihm geraubt

4
Du auch, ich auch. So sind wir gemacht
Wir rutschen ab in den Aufstieg
Die Weisheit lächelt, die Dummheit lacht
Und wenn er auch mal was rauskriegt
– der Mensch tappt rum im Erdenrund
Ist Herr über alle Dinge hier
(und vorzüglich in der Meute)
Gewappnet gegen Gott und Tier
Nur seinesgleichen ist der Mensch
So leichte Beute

    krieg raus, wer du bist! und
    schnüffel nicht Gott hinterher!
    denn das, was die Menschheit ist
    begreifst du am besten an dir

Nach Alexander Pope, er schrieb 1732 in seinem »Essay on Man«:
»*Know then thyself, presume not God to scan; The proper study of man-
kind is man.*«

Es gibt ein Leben vor dem Tod (1975)

Jesus, der große Schmerzensmann
Am Kreuz, im Glanz der Wunden
Er hatte seine Schau im Tod
Und alle Welt sah seine Not
Und als die Leut drei Tag danach
Sein leeres Grab gefunden
Und keinen Leichnam fanden
Da warn sie froh. Da wußten sie:
Der Mensch ist auferstanden
– es gibt ein Leben nach dem Tod!

Exekution! da! seht den Communard
Wie der vor den Gewehren stand
Hat ihn Picasso mir gemalt:
Die Hosen runter, an der Wand
Der dicke rote Kerl steht da
Und weint und lacht sich eins dabei
Wie er sein' Arsch dem Tod hindreht!
Ich habs, auf Weiß gemalt mit Rot
Des Malers Bild beweist es ja:
– es gibt ein Leben nach dem Tod

Der kleine Biermann denkt bei sich:
Ja! ja, das stimmt in meinem Sinn
Die Auferstehung gibts! weil ich
Ja dafür selber Beispiel bin:
Mein toter Vater lebt! sogar
Die Narrn, die Don Quichoten!
Im Freiheitskrieg der Menschheit gibt
Es keine toten Toten

Das ist so wahr wie trocken Brot:
– es gibt ein Leben nach dem Tod

Anmerkung
Ach, daß es danach noch was Schönes gibt
Ist tröstlich in unserer Lage
Wie gut! und doch, da bleibt uns noch
Die kleine – die große – die Frage
(das wüßten wir gern noch daneben!)
Ob's so was gibt – wir hättens gern:
– auch vor unserm Tode ein Leben

Dieses Lied lieferte mir 1975 auch den idealen Titel für meine Spanien-Langspielplatte mit Liedern zum Spanischen Bürgerkrieg. General Franco war 1936 an die Macht gekommen. Auch mich ätzte damals der Gedanke, daß solch ein Faschist und Hitler-Verbündeter nach fast 40 Jahren Diktatur lebenssatt im Bett gemütlich am Leben stirbt. Und nicht doch noch an einer Revolution seines Volkes.
Ich fand damals eine kleine freche Rötelzeichnung von Pablo Picasso: »Erschießung der Kommunarden auf dem Friedhof Père Lachaise in Paris«. Wehrlose Gefangene werden von einer Salve des Erschießungs-kommandos niedergemacht. Aber ein dicker Kerl im Zentrum des Bildes, der hat sich die Hosen runtergezogen und hält seinen Hintern in die Gewehrsalve … ein letzter Akt des Widerstands. Als würde er schrein, schießt mir das Loch hinten rein, wo ich sowieso schon ein Loch habe! So hat dieser Rebell trotz alledem überlebt: in unserem Gedächtnis.

Einem Hirten ins Gebetbuch (1993)

Heut singe ich euch ein Ibis-Lied
Im Stil Christi Zeitgenosse Ovid
Nicht Rom! Das Kaff heißt Wittenberg
Wo ein teutscher Riese gewütet hat
Gewiß kein deutscher Gartenzwerg
Ein Kerl mit Herz, mit Hoden und Hirn
Er bot Gottes Vize auf Erden die Stirn
Und säte des Aufruhrs fruchtbare Saat
Ein kleiner Mönch von Weltformat
Ein Judenfresser, Gott sei es geklagt
Und dennoch ein Mensch, der unverzagt
Als Gottes Dolmetzsch für uns erschuf
Die deutsche Sprache und machte klar
Warum Tetzels Papst des Teufels war
Er trotzte der Forderung nach Widerruf
Er legte sich mutig mit Mächtigen an
Und wo diese Menschheitsdämmrung geschah
Am Fluß zwischen Dresden und Altona
Da predigt jetzt kein Riese, kein Zwerg
Da predigt ein Hirte zu Wittenberg

Der sagt nicht, wie Gott will: Ja ja – Nein nein
Preist Gnaden-Gesülz uns wie Manna an
Tartüff, auf katholischdeutsch: Drewermann
Will pfäffisch, was andere erlitten, verzeihn
Ein sanftmütig eiferndes Ungeheuer
Ruft auf zu 'nem Kreuzzug nach Ostberlin
Will seelsorgerisch Dokumente verbrennen
Die Akten der Stasi. Mon Dieu! was'n Spleen:
Will Scheiterhaufen als *Freudenfeuer*

Will, daß wir in Judas Herrn Jesus erkennen
Ein Geiferer unter den Toleranten
Ein Proteus unter den Protestanten
Und wird den Ungeist nicht los, den er rief
Ein Ablaßhändler zum Nulltarif
Ein gottbegnadeter Wahrheitsverdränger
Und fühlt sich tief mißverstanden vom Sänger
Macht allen Parteien den Gutmensch. Da steht er
Schwört auf die Nächstenliebe, so wahr ihm Gott helfe
Verspottet die Opfer und tätschelt die Täter
Ein Hirte im Schafspelz
    er brät sich ein Lammsteak
       und hütet
        … die Wölfe

Ibis – der Titel eines Schmähgedichts, das Ovid im Jahre 10 n. Chr., als er von Kaiser Augustus außer Landes ins Exil verjagt worden war, gegen einen seiner Feinde in Rom verfaßte, dessen Namen er mit dem Namen des Vogels »Ibis« verschlüsselte, der in der Antike als ein Symbol der Unreinheit galt.

Credo (2001)

Ja, glauben!
Glauben muß der Mensch
Ganz gleich an Gott, an Götter
Woran? – egal!
An welchen Scheibenkleister
Nur wie wir glauben, dieses Wie
Ach! dies verflixte kleine Wie
Scheidet die Geister

Woran geglaubt wird, ach, das ist
Schnurzpiepe! Glaube stur
Katholisch das Herzjesulein
Glaub Luthers Jesus Christ
Glaub an Jehova, glaube nur
An Mohammed, du hast die Wahl
Auch bei dem Bodenpersonal
Kalif, Rabbiner, Priester, Pope
Glaub an Orakel, Kaffeesatz
Glaub Deinem Köter, deiner Katz
Glaub fest an Horoskope
Glaub ans Gevögel aller Art
An Engel, Adler, Spatzen
Schluck als Oblate Jesu Leib
Kau Körner, Nägel, Matzen
Glaub noch absurder ohne Grund
An Menschen. Glaube dich gesund
An Fortschritt oder Fügung
Glaub an die Macht der Liebe, glaub
Im Knien, Sitzen, Liegen
Glaub an ein Leben vor dem Tod

Und glaube, daß das Glauben hilft
Es frißt der Teufel in der Not
Auch Fliegen
Es ist ganz gleich, woran du glaubst
Du trotzest dem Geschicke
Ob du nun nagelst oder schraubst
Das Brett vorm Kopp sei dünn, sei dicke
Ob du nun 'n Knall hast oder 'n Stich
Verliere nie das Lachen
Vor allem über Dich.!
Mit Hühner- oder Heldenbrust
Sei Moralist, bleib was du bist
Ob Sauertopf, ob Spötter
Glaub tot an roten Klassenkampf
Egal! nur glaube ohne Krampf!
Und giftdurchtränkten Eifer.!
Hauptsache nur: ein Glaube. Glaub!
Gelassen, ohne Geifer

Berliner Osterlied (2002)

'ne frohe Botschaft hab ich für dich:
Wir brauchn die Frohe Botschaft nich
vom Paradies uff Erdn
Marx war keen Messias und nie nich Marxist
Ob Christ kommt, oder jekommen is
– wir bleiben doch die, die wir werdn

Quatsch »Neuer Mensch!« – ach, Menschnskind
Mir reichts, wenn wir nicht verurteilt sind
zum In-der-Hölle-Leben
Errichtet bloß kein Himmelreich
Auf Erden, wo wir dann engelgleich
zum ewigen Lichte streben

Ob wer wo Wasser trinkt, ob Wein
Ist mir egal. So soll es sein:
mein Blut soll keiner saufen!
Und will nicht Folter, Massenmord
Kein' Stacheldraht für nur ein Wort
nie wieder Scheiterhaufen!

Ansonsten bleibt das Holz schön krumm
Aus dem der Mensch geschnitzt ist. Dumm
sind auch die klügsten Leute
Als Einzelexemplar mags gehn
Gefährlich hab ich Pack gesehn
nur immer in der Meute

Auch tiefes Schweigen ist oft seicht
Das Leben ist unerträglich leicht … vertan!

Furcht hab ich – doch nie haben
Soll mich die Furcht. Geb nie klein bei
Bleib lieber stolz und vogelfrei
sonst fressen mich die Raben

'ne frohe Botschaft hab ich für dich:
Mensch Orje, wir brauchn die Botschaft nich
vom Paradies uff Erdn
Marx war keen Messias und nie nich Marxist
Ob Christ kommt, oder jekommen is
– wir bleiben doch die wir werdn!

Heinrich Heine: Ich weiß, sie tranken heimlich Wein / Und predigten
öffentlich Wasser

Karl Marx: Tout ce que je sais, c'est que je ne suis pas Marxiste

Immanuel Kant: Aus so krummem Holze, als woraus der Mensch
gemacht ist, kann nichts ganz Gerades gezimmert werden.

Milan Kundera: Die unerträgliche Leichtigkeit des Seins

Paradieschen (1996)

Ever try. Ever fail. No matter
Try again. Fail again. Fail better
Samuel Beckett

Süßes Leben, saures Leben
Paradieschen wirds nie geben
Höllen gibts schon eh'r
Manchmal bin ich menschenmüde
Kalt ist diese Welt und rüde
und ich mag nicht mehr
Wenn ich Gift und Galle saufe
Wenn ich mit der Meute raufe
wenn mich Zweifel plagt
Wenn die Frohnaturen schunkeln
Sing ich mir wie 'n Kind im Dunkeln
was der Weise sagt:

Ewig machen, ewig scheitern
Macht nix, Alter! mach so weiter
werde älter, klüger, kesser
Vorwärts! Hoppe hoppe Reiter
Mach, mach, mach, mach, mach – und scheiter
aber scheiter immer besser!

Schweinepriester reden Bände
Prophezein das Weltenende
leben davon flott
Tja um uns wärs jammerschade
Ohne Menschen wär es fade

94

denn es gibt kein' Gott
Der die Welt noch mal erschaffet
Und dann aus den Himmeln gaffet
hilflos und stupid
Also hau ich rein und mache
Weiter, weine, fluche, lache
unser Lebenslied:

> Ewig machen, ewig scheitern
> macht nix, Alte! mach so weiter
> werde älter, klüger, kesser
> Vorwärts! Hoppe hoppe Reiter
> Mach, mach, mach, mach, mach – und scheiter
> aber scheiter immer besser!

Biermanns Ode auf den alten Adam (2014)

Ich weiß, daß ich nichts weiß, doch das ist gewiß
Ich liebe den Adam – Warum? – Das ist klar:
Weil damals im Garten Eden sein Biß
In Evas Apfel die Rettung war.
Wir hockten sonst heut noch im Paradies
Verdammt bis in alle Ewigkeit!
Das Leben wär langweilig, wäre mies
In gottbewachter Geborgenheit
  Dir Mann aller Männer sei Dank dafür
  Mensch Adam, mein Alter, ick liebe dir

Die Welt wär ein ödes Schlaraffenland
Uns schlüge ein Brathähnchen in der Brust
Wir hätten im Schädel nur Zuckersand
Kein Haß, keine Liebe, kein Schmerz, keine Lust.
Ich brauch kein Utopia, wo wir dumpf
Dahinvegetier'n in Gemütlichkeit
Ich suche kein Nirgendland, wo wir stumpf
Die Zeiten vertändeln in zeitloser Zeit
  Dir Mann aller Männer sei Dank dafür
  Mensch Adam, mein Alter, ick liebe dir

Doch halt ich den Streit in der Welt nicht mehr aus
Verstummt meine Lebens-Melodie
Auch du hältst dich lächelnd aus allem raus
Wie drogensüchtig nach Harmonie?
Willst ewigen Frieden, statt Freiheitskrieg?
  – so kriechen wir in ein Nirwana rein!
Wo 'n Kerl wie ein Hund hinterm Ofen liegt
Und Weiber wolln nur noch das Weibchen sein

Musik nur noch Flohwalzer am Klavier
Du langweilst mir – un ick langweil dir!
Wie Tristan triste, der sich verpisste
Du Tristan triste, ab! in die Kiste ...

Nachsatz
Doch weicht dann am Morgen die Finsternis
Aus meinem Alptraum, wird wieder klar
Daß damals im Garten Eden der Biß
In Gottes Apfel die Rettung war
Dann schmeißt mich mein Weib ausm Bett raus und lacht:
»Hör auf, Mensch! mit deiner Wehleidigkeit
Ich hab dich so schön geschwächt diese Nacht
Nun bist Du gestärkt – und nun wage den Streit!
Steht grad ooch keen Drache vor unsre Tür
– mein Drachntöter, ick liebe ... mir!

Holy Sonnet XIV

Batter my heart, three person'd God; for, you
As yet but knocke, breathe, shine, and seeke to mend;
That I may rise, and stand, o'erthrow mee, and bend
Your force, to breake, blowe, burn and make me new,

I, like an usurpt towne, to another due,
Labour to admit you, but Oh, to no end,
Reason your viceroy in mee, mee should defend,
But is captiv'd, and proves weake or untrue,

Yet dearely I love you, and would be loved faine,
But am betroth'd unto your enemie:
Divorce mee, untie, or breake that knot againe,

Take mee to you, imprison mee, for I
Except you enthrall mee, never shall be free,
Nor ever chast, except you ravish mee.

John Donne lebte in London von 1572 bis 1631, eine halbe
Generation nach Shakespeare. Er war der erste und wichtig-
ste Vertreter der »Metaphysical Poets«, was soviel heißt wie
»Gehirnweber«. In meiner Sprache: ein »Gedachte-Dichter«.
Dieses Spottwort hat er gewiß nicht selbst in die Welt gesetzt. Zugleich war John Donne aber auch der berühmteste
anglikanische Oberhirte und Prediger seiner Zeit. An der

St Paul's Cathedral predigte er für König Karl I. Aber als Poet wurde John Donne sogar von seinen frommen Feinden bewundert.

In seinem Sonett Holy Sonnet XIV kämpft ein aufgeklärter Mensch mit den Waffen der Vernunft gegen seinen Glaubensverlust, den er durch die Macht der Vernunft erleidet. Er will in seiner Gewissensnot – wenn es anders nicht geht – von Gott gefesselt und zerbrochen werden, um seine Unschuld zu behalten: »Aus tiefster Not des Wissens schrei ich zu Dir!« In diesen 14 Zeilen vibriert eine heikel aufgeladene Frömmigkeit. Inbrünstiges Gebet als Brunst? Die Glaubenswächter der Inquisition würden schreien: blasphemische Pornographie!

Man könnte es so sehen: Das Sonett schildert die Situation eines geistlichen Ehebruchs. Der Christenmensch John Donne sieht sich als ein dem Herrn, dem Gott, versprochener Mensch, der fremdgeht mit der neumodischen Renaissance-Göttin Vernunft. Der Verzweifelte bittet allen Ernstes Gott, ihn zu unterwerfen.

Ich gebrauchte in meiner Nachdichtung – und gewiß nicht um des Reimes willen – das altmodische Wort »übermannen«. Und fügte das Wort »blutig« hinzu, denn »ravishment«, wie es im Original steht, heißt auf deutsch: Entführung, Schändung, Raub, Vergewaltigung, aber auch – Entzücken und sogar: Verzückung.

Es ist wahr: Wir finden in dem Sonett sexuelle Metaphern wie »Take mee to you« (Nimm mich) oder »Labour to admit you« (labour: Mühe – aber auch Wehen – dich einzulassen). Daneben stehen militärische Metaphern: »bend your force, to breake, blowe, burn« (sammle deine Kraft, um zu zerbrechen, zu blasen/stürmen, zu verbrennen). Diese unterschiedlichen Vergleichungen lagern so perfekt übereinander, daß sie schließlich ein und dasselbe werden. »I, like an usurpt towne, to another due, Labour to admit you« (Wie eine belagerte Stadt, die einem anderen tributpflichtig/fällig ist, mühe ich mich dich einzulassen). Das Gedicht gipfelt in einer naiven, schlichten und gar nicht gekünstelten Herzensfrömmigkeit. Die anrührendste Zeile – und auch die unpoetischste – ist: »Yet dearely I love you and would be loved faine« (Ich liebe dich sehr und möchte zurückgeliebt werden). Diese Zeile wirkt in ihrer Schlichtheit nur so tief durch die raffinierte Umgebung. Durch diese erotische Raffinesse erreicht Donne mit diesem Sonett das Niveau und die Wucht der Psalmen.

Meine Frau Pamela, mit der ich über das Gedicht ein bißchen herumstritt, sagte: So etwas würde eine Frau nie und nimmer sagen:

»Du musst mich fesseln, anders werd' ich nie befreit
Keusch bin ich erst, wenn du mich lustvoll übermannst«

Stimmt. Aber daß Gott der Mann ist und daß bei den Christen dann die Kirche bzw. bei den Juden Israel die Rolle der Frau einnimmt, ist die gängige Lesart für das zärtliche und stellenweise explizit erotische »Schönste aller Lieder«, das Hohelied Salomons.

Und das Flehen in Donnes Gedicht »so erschaffe mich nochmal« erinnert an die Offenbarung Johannis. Da wird die Stadt Jerusalem als noch einmal neu erschaffen geschildert und erscheint als die himmlisch geschmückte Braut Gottes.

So wie Donne über die Grenzen der Gläubigkeit im Kampf mit der Vernunft nachdachte, dachte der gut hundert Jahre nach Donnes Tod geborene Maler Francisco de Goya über die Grenzen der Vernunft nach. 1799 veröffentlichte er sein berühmt gewordenes Bild »El sueño de la razón«. Mir – so

viel Freiheit muß sein – gefällt mehr noch als das viel beach-
tete Endprodukt eine Vorstudie zu dieser Radierung. Goya
zeigt auch da einen schlafenden Mann, sitzend und zusam-
mengesunken an einem Tisch gebeugt. Den Kopf hart auf
die Tischplatte gebettet, vor dem Kopf seine Hände: gefaltet.
Und über ihm Gesichter. Nein, es sind seine Gesichte, die
da alptraumhaft aufsteigen. Ein Pferdekopf, ein Menschen-
kopf im Schreckensschrei, unmittelbar über dem Schlafenden. Über dem Schreischädel ein Antlitz aus Schmerz und
Lächeln – und darüber der hölderlinige Kopf eines mitleiden-
den Betrachters. Quer dazu ein Kopf eines skeptischen Beob-
achters, darüber ein fassungsloser Glotzer, Nase an Nase mit
dem Pferdekopf. Eine Fledermaus mit aufgerissenen Flügeln
und spitzen Zitzen. Ein mächtiger Hundekopf mit heraushän-
gender Zunge. Jeder mißversteht so gut er irgend kann. Ich
glaube, Goya schuf dieses Bild im Glauben an seine Hoffnung, er hoffte auf erlösende Macht der Vernunft.

»El sueño de razón produce monstruos«. Auf gut deutsch
heißt das: »Der Schlaf der Vernunft bringt Ungeheuer hervor«. Wie raffiniert aber der Doppelsinn von »sueño«: Es
bedeutet »Traum« und gleichzeitig »Schlaf«. So bedeutet dieser Titel nicht nur »der Schlaf der Vernunft bringt Ungeheuer hervor«, sondern könnte auch so verstanden sein: »der
Traum von der Vernunft« – als der neumodischen Weltreli-
gion –, auch sie »gebiert Ungeheuer«. Ist Goyas Satz Spott
gegen den Mythos von der Vernunft? Gegen die spinnerte
Vernünftelei? Oder bedeutet »der Traum von der Vernunft«
etwa einen Übergang von den aufklärerischen Verheißungen
der Vernunft in die Höllen der Moderne? Wir alle wurden
seit der Aufklärung mit der schwachbrüstigen Hoffnung
auf die sanfte Gewalt der Vernunft gesäugt. Das Dumme ist
nur: Wenn wir den Mund zu voll nahmen mit dem leeren

Wort »Vernunft«, dann meinten wir immer unsere eigene Vernunft – eine andere hatten wir ja nicht. Und das ist unser ewiges Dilemma.

Auch wenn ich nie an irgendeinen Gott glaubte – die vernunftsgebeutelte Gewissensnot des Gläubigen John Donne ist mir vertraut. Der vernunftsfanatische Traum von der Allmacht der Vernunft, sie brachte Goyas Ungeheuer hervor. Menschen meiner Art zitterten in der Stalinzeit vor ihrem Abfall vom Glauben. Die Vernunft in uns nährte den Zweifel an der Partei, die eben nicht immer recht haben konnte, wie es im Lied von Louis Fürnberg heißt: »Die Partei, die Partei, die hat immer recht!« Wir zweifelten – erst zaghaft, dann wütiger – auch an Marx. Marx war gewiß kein Marxist. Seine Lebensmaxime lautete: »An allem zweifeln!« An sich selbst aber zweifelte er kaum. Und wir Nachgeborenen widersprechen noch radikaler: Auch an der Zweifelei ist zu zweifeln.

Erst nach Donnes Tod erschien sein geschichtstheoretisches Buch, in dem ausgerechnet dieser christliche Prediger den Suizid verteidigt. Seine Apologie des Selbstmordes gipfelt in der ketzerischen Vermutung, Christus habe Selbstmord begangen. Mag sein, der Nazarener Jesus floh in den Tod, zumindest indirekt, damit »die Schrift sich erfüllet«. Das bezeugen seine Jünger: Gottes Sohn hatte sich in die Gewalt der Mörder begeben und keinen Versuch gemacht, sein Leben zu retten. »Soll ich den Kelch nicht trinken, den mir mein Vater gegeben hat?«, so tönte er.

Diesen Kelch tranken unter Stalin auch Millionen kommunistische Ketzer, marxistische Zweifler, humane Widersprecher in den Zeiten des rotgetünchten Terrors. Deshalb geht es uns nahe, darum wohl erschüttert uns diese fremde Gewissensnot des John Donne. Und insofern ist dieses 450 Jahre alte Sonett nicht raus aus unserer, sondern es ist von dieser Welt.

Holy Sonnet XIV

Mit deinem Rammbock brich mein Herz, Gott
                                        mach mir Qual
Dreifältiger Sanfter du! Poch nicht nur sachte an
Um mich zu bessern, aufzurichten. Nein! Geh ran!
Zerschmettre! Brenne! So erschaffe mich noch mal

Wie 'ne berannte Stadt in fremder Hand bin ich
Hingeben möchte ich mich dir – doch schaff ich's nicht!
Dein Vize, die Vernunft, verfinstert mich mit Licht
In mir ist sie befangen, kneift, läßt mich im Stich

Von Herzen lieb ich dich und bitt: Lieb du auch mich
Verkuppelt wurd ich an dein' Feind. Ich bin bereit
Entbinde mich, los! lös den Knoten! So komm ich

Zu dir. Ja, unterwirf mich, wie nur du es kannst
Du mußt mich fesseln, anders werd ich nie befreit
Keusch bin ich erst, wenn du mich lustvoll übermannst

Gebet eines Roma im Barrio Portugalete (1977)

Gott, und bist du nichts
     als ein Loch …
Ach, Gott, und bist du nichts
     als ein Loch!
          – dann laß mich durch, verflucht!

Gott, und bist du nichts
     als ein Brot …
Ach, Gott, und bist du nichts
     als ein Brot
          – dann komm in meinen Bauch!

Gott, und bist du nichts
     als ein Schluck …
Ach, Gott, und bist du nichts
     als ein Schluck!
          – dann komm in meinen Hals!

Gott und bist du nichts
     als ein Stern …
Ach, Gott und bist du nichts
     als ein Stern!
          – dann leuchte, leuchte mir, verflucht!

Gott, und bist du nichts
     als ein Loch …
Ach Gott, und bist du nichts
     als ein Loch!
          – dann laß mich durch, verflucht!

Ironie reicht nicht aus (1972)
für Heinrich Böll

so meintest Du also: sie reiche
nicht aus. Jedoch auch Zorn reicht
nicht! Nicht reichen Verständnis
noch Trauer. Jedoch Vergeben
schon gar nicht. Etwa Toleranz?

never ever! Gewalt reicht gegen
Gewalt nicht! nicht Wahrheitsagen
noch Vernunft, auch lammfromme
Lügen reichen nimmermehr aus
noch reicht das Ohrenzuhalten
(eigene Ohren, die Ohren der andern)
Schweigen hilft nicht noch Reden

Geduld und Demut, sie reichen ja
nicht, kein Mut nicht, noch Hochmut.
Haß allerdings reicht gar nicht. Güte
nicht noch Feigheit. Ach, gegen diesen
Wahnsinn reicht dein Wahnsinn nicht!
Gegen Menschen helfen Menschen
nicht! noch Geschrei gegen Schreier
noch auch Schweigen gegen Geschrei

Sich selbst verdrehen die Worte in den
Worten verdrehen die Münder sich
An den Haaren der Erkenntnis herbeigezogen
so zerren wir am eigenen Schopf uns
aus immer neu eroberten Sümpfen

Mir reicht es! Denn alles das reicht
nicht aus, Freund. Ach! uns hilft nur alles
zusamm', was einzeln nie helfen kann
Die Welt, Mensch Gott! ist ja leicht
zu retten. Wer aber rettet die Retter?!

Mein Kreuz (1967)

Und im Publikum, ihr Herren
Sitzt auf numerierten Sitzen
Blutgeil glotzt ihr und ihr wartet
Wenn im deutschen Doppelzirkus
Meine Todesnummer startet
Schreien keuchen stinken schwitzen
Zittern doch und hoffen alle
Daß der Gaukler sich mal totschmeißt
Und zerfetzt wie eine Qualle

Unsere Genossen Führer
Haben tausendfach verschiedne
Stricke, damit sie uns binden
Orden, Geld und Auslandsreisen
Wettbewerb zum Leuteschinden
Strafen Rügen Lügen Hetze
Zuchthaus Terror alle Touren
Und so machen sie die Musen
Zu Gefang'nen und zu Huren

Also: was für eine faule
Freiheit könnte ich mir mit den
Wirbeln meines Rückgrats kaufen
Die sind auch ein Zahlungsmittel
Wenn man erst gebrochen ist
Kommt das große Wassersaufen
Nee, die Währung wär zu teuer
Wenn ich euren Fraß brav fasse
Lieber trage ich ein Kreuz, Genossen
Eh ich es mir brechen lasse

Mag sein, daß ich irre (1977)

Mag sein, daß ich irre und dich nur verwirre
Mag sein, daß ich hoffe und bin längst verlorn
– ich leb ja den Traum der Commune noch immer
Dazu hat mich ja meine Mutter geborn

Wir haben uns selber am schlimmsten von allen
Verraten, verkauft und blutig genarrt
– und doch sind nicht all meine Träume, die roten
Mit all unsern Toten verreckt und verscharrt

Und ob es mir schwer wird – und ob es mir leicht ist
Ich geh unsern Weg, geh mit Sehnsucht und Zorn
– mag sein, daß ich einmal, wenn alles erreicht ist
Erreicht habe nichts, als ein' Anfang von vorn

Frei nach Yoseph Papiernikov: Soll sein

Solidarność

Im Herbst 1981 streikten in ganz Polen die Arbeiter, ein Streik also gegen die Diktatur der stalinistischen Monopolbürokratie. Und noch besser: Auf der Werft in Danzig gründeten sie ihre erste freie Gewerkschaft: Solidarność. Linksoppositionelle Intellektuelle und echte Christen der polnischen Kirche und ihr Papst Karol Józef Wojtyła waren solidarisch. In seiner Panik verhängt der General Wojciech Jaruzelski, als Regierungschef, das Kriegsrecht in Polen: Ein Militärputsch gegen das eigene Volk. Die Zeitschrift STERN titelte damals zynisch: »Aus der Traum?«

Die Rebellen wurden verfolgt, viele eingesperrt, gefoltert und getötet. Dieser ideal polnisch gemischte Widerstand mit Marx- und katholischen Engelszungen gilt heute, neben dem Prager Frühling, als der Anfang vom Ende des ganzen »Sozialistischen Lagers«.

Lange behaupteten Apologeten des Jaruzelski, der General habe ja nur geputscht, um Polen zu schützen, aus Furcht vor einem Einmarsch der Sowjetarmee, so wie 1968 in die ČSSR.

Das erwies sich als eine Geschichtslüge.

Aus der Traum (1981)

Das halt ich gut aus
und das macht mich nicht dumm
und das macht mich nicht krank
und das bringt mich nicht um
Der Putsch in Polen
– nenne Du den Putsch
Nicht Putsch, sondern Patsch
Oder Quitsch oder Quatsch
Und küsse den Stiefel
Der Dich nicht tritt

    Marschiere Du
    im Geiste mit
    nimm voll den Mund
    schlag schwarzen Schaum
    – verschone mich nur
    Du Schweinehund
    und quassel nicht:
    Aus der Traum!

Verhöhne die Opfer
auf drollige Tour
den Hunger nenn ruhig
'ne Entfettungskur
Und sag nicht »KZ«
Sag Vorbeugehaft
Und sage nicht Blut
Sag Kirschensaft
Und küsse den Stiefel
Der Dich nicht tritt

Marschiere ruhig im Geiste mit
Nimm voll den Mund
schlag roten Schaum
– verschone mich nur
Du Schweinehund
Und quassel nicht:
Aus der Traum!

Dieser Traum ist ja alt
wie die Menschheit jung
und wird auch noch halten
wenn wir nicht mehr halten
Nie wird dieser Traum
je fade noch schal
schon gar nicht
in schlimmsten Nöten
Und es reicht nicht so 'n
kleiner Dreck-General
um solch einen Traum
zu töten
Und wenn nach dem Chaos
das uns blüht
in Ost und in West
nichts mehr übrigbleibt
Als die Herrschenden
hüben und drüben
– auch dann ist der Traum
nicht ausgeträumt
Und wie sie's auch drehn:
In ihren Kindern
wird dieser Traum
gegen sie auferstehn

Beichte (1981)

Immer noch und übergeduldig
baue ich auf die Gewalt, ja
hoffnungsblind hoffe ich
auf die sanfte Gewalt der
Vernunft. Und immer auch
hoffe ich noch auf die rohe
Gewalt der Ausgebeuteten, der
Gedemütigten, ja, ich hoffe
auf deren unvernünftige Gewalt
gegen ihre sehr vernünftigen
Unterdrücker. Ach, ach, aber
dieses letzte verfluchte Jahr
alt hat es mich gemacht, zu
alt und zu ungeduldig, zu
müde bin ich geworden, zu
stolz. Schmerzenskalt sehe
ich mich erstarren, starren
auf die schwarze Lederkluft
auf die hakenkreuzlichen Kreuze
am Ärmel, nachgemachte Knobel-
Becher, HJ-gescheiteltes Haar
der blutjunge Faschist neben
mir im Wortgefecht, dem ich
weder Rede noch Antwort stehe
wenn er mir kommt mit seiner
Auschwitzlüge. Und müde auch
bin ich geworden an meinen
Linken, gegen die ich schweige
wenn sie, ach, wie Faschisten
ätzen und hetzen, sozial-national

plappern Polacken platt, im
Sandkasten unter der Glatze
Klassenkämpfe nachspielen und
Völker verschieben in die Grube
Schwarz wird Rot und Rot Schwarz
Revolution und Konterrevolution
tauschen die Kostüme, eins
als das andere, und vorne ist da
hinten, oben unten, falsch ist
richtig, Zucker in' Arsch!
und Sand ins Gehirn! und der
kleine dreckige Putschgeneral
rettet den Frieden, den sein
Krieg braucht, solchen Frieden

Ja, zu alt bin ich geworden
dieses letzte Jahr und zu stolz
– müd von alledem und trotz alledem
immer noch und übergeduldig
baue ich auf die Gewalt:
Hoffnungsblind hoffe ich
auf die sanfte Gewalt
der Vernunft

Aber vorher (1981)

aber vorher
an dem masurischen See
sah ich die Störche da
hoch über Federwolken hinsegeln
unter der Sonne
kreisend im Aufwind
lassen sich die
gefiederten Flieger
hochtragen ins Licht

gleißend ins Licht
bis sich die Vögel da
oben so selig und ganz
mit den Strahlen
finden
bis sie ins
Körperlose
umflutet
sich den Augen
entwinden

Polen. In Polen gibts Polen und Polen
Bauern und Priester, Proleten und Bonzen
Und wieder mal: Auf!
und heilig!
zur letzten Schlacht
Staunen, Geraune im Osten, im Westen
Husten und Haß, und rundrum das große
Zittern und Hoffen und Wittern und
Gaffen – und jeder gibt seinem Affen

Und wieder mal: Auf!
und heilig!
zur letzten Schlacht

Laß man! ja, laß!
Besser mit Gott im Herzen
Besser mit der Schwarzen Madonna
Revolution gemacht
Als mit Marx im Arsch und zum Hohn
– die Konterrevolution

aber vorher
an dem masurischen See
sah ich die Störche da
hoch über Federwolken hinsegeln
unter der Sonne
kreisend im Aufwind
sah ich
die Störche
sich den Augen
entwinden

Zahlenspielchen mit George Orwell (2020)

Bloß nich drängeln zu die Engeln
Robert Gilbert

In Forty-eight you wrote your Eighty-four. Tja und
Nun steig ich ein in dein todernstes Zahlenspiel
Ein Greis bin ich inzwischen: vierundachtzig Jahr
Dabei verging die Zeit im Streit der Welt wutwund
Und lustvoll, die auf Erden mir gegeben war.

Wie es in deinem Buch geschrieben steht: Es hat
Big Brother jeden Untertan brutal dressiert
Bis der die Diktatur wie Freiheit froh genoß
(Heil-Hitler-Volkes wahrer Himmel war der Staat)
Inzwischen ist das Elend aber anders groß

Begeistert gafft der Wahnsinn in sein Spiegelbild
Yes sir, the times they are a-changin'! – George, jedoch
Nicht wie Bob Dylan hoffte – umgekehrt! Obskur:
New Generations glauben dran und kreischen wild
Die Freiheit hier, Democracy sei Diktatur!

Ich Wolf bin hundemüd – mein Lieber – und krepier
Bald geht's mir besser: auf Brechts Wolke neben dir.

Die Auferstehung

Eines teile ich mit Christen, und zwar ohne Wenn und Aber: die Schwindelstory über die himmlische Auferstehung. Diese Legende ist die härteste Währung auf dem Markte, wo Hoffnung gehandelt wird. Und ich glaube daran sogar mit einer geradezu irdischen Inbrunst! Gewiß hat der kleine Rebbe aus Nazareth vor zweitausend Jahren wirklich gelebt. Hochwahrscheinlich wurde auch er an irgendein Kreuz geschlagen. Aber die offensichtlich hinzugedichtete Pointe – das am wenigsten Glaubwürdige: seine Auferstehung – ist aus meiner Sicht die wahrhaftigste Wahrheit des Evangeliums.

Als Gott seinen vier Ghostwritern in griechischer Sprache diese wunderbare Schlußapotheose der Jesusgeschichte einflüsterte, hat er damit ein geniales Gleichnis geliefert. Ein leuchtendes Zeichen für die unverwüstliche Hoffnung aller elenden Menschen auf den endlichen Triumph über die Finsternisse.

Ich lese die Metapher von Auferstehung als Gottes Ermutigung für die Kämpfer im Freiheitskrieg der Menschheit, der immer wieder verloren wird und trotz alledem immer wieder gewagt wird. Mein Schicksal, ich selbst, bin ja der lebendige Beweis: Mein lieber Vater ist in meinen Liedern und Gedichten und in meinem rauchigen Gesang auferstanden.

1975 suchten mich in Ostberlin Theologie-Studenten aus dem Westen heim. Die Hirten in spe lagerten als Schafe wie die Herde am Berge Gilead in der Höhle des Wolfes Chausseestraße 131. Allerhand dieser moderneren Christen sagten:

»Gott ja, der Jesus! gelebt hat er! Ans Kreuz geschlagen wurde er! Die Auferstehung aber ist nichts als eine fromme Lüge ...«

Ach, wenn diese Armen die wunderbare Auferstehung Jesu verleugnen, dachte ich, dann will ich Gottloser ihnen das Evangelium predigen auf weltliche Art. So schrieb ich meine profan plebejische Lesart des Evangeliums.

Rotgefärbter Tatsachenbericht vom wahren Leben und Tod des Jesus Christus (1975)

1

Wahr ist, daß seine leibliche Mutter
Ihrem Ehemann Hörner aufsetzte. Die edle
Einfalt des Zimmermanns aber rettete Maria
Vor der üblichen Todesstrafe. Das auch scheint erwiesen:
Männlichen Geschlechts war das Kind
Der Knabe also gedieh leidlich
Mut und Pfiffigkeit der Mutter
Bewahrten ihn vor schlimmeren Ungelegenheiten
Gelegentlich der staatlich verordneten
Abschlachtung sämtlicher Säuglinge
Deren habhaft werden konnten die Häscher
Des Königs Herodes. Wahr ist wohl auch
Jene Meldung, dass der Knabe, ungenügend
Beaufsichtigt, Respekt vermissen ließ
Vor alten Herrn und durch vorwitzige
Reden (altkluge, öffentliche) frühzeitig
Von sich reden machte

2

Wahr ist: Der oben Bezeichnete imponierte
Dem ungebildeten Volk auf den Marktplätzen
Durch allerhand raffinierte Kunststücke
Womit er den Pöbel glauben machen wollte
Er sei GOttes Sohn. Das gelang ihm
Durch verwirrende Sit-ins und Go-ins
Hetzte er einen Haufen Niedere auf
Gegen die sogenannte Gewaltherrschaft
Des Unglaubens, des Irr- und Aberglaubens

Im Land des Fremdherrschers Herodes
Leugnete frech, einen Staatsstreich zu planen
(»Mein Reich ist nicht von dieser Welt!«)
Gründete aber eine Kommunistische Partei
Mit einem Politbüro an der Spitze, getarnt
Als sogenannte Jünger, in Wahrheit aber
Elf Berufsrevolutionäre und einer unter ihnen
Judas, Agent des herodischen Geheimdienstes

3

Wahr ist, daß besagter Verräter seinen Chef
Auf dessen eigenen Wunsch hin hochgehn ließ
Er verriet den, der verraten werden wollte
Auf delikate Weise: durch einen Kuß
Machte er ihn dem Einsatzkommando der Polizei
Kenntlich. Besagter Verräter soll sich danach
Geschämt haben. Aber nicht zu Tode. Wahr ist
Auch das: Im Tonfall der Demut brüskierte
Dieser Christus das Gericht durch Hochmut
Sein Mangel an Reue war skandalös. Vielmehr
Beharrte er auf den ungesetzlichen Ansichten
Die ihn hatten werden lassen zu dem
Was er eben war. Er erklärte vor Gericht
Das Gericht für nicht zuständig. So
Nahm die Gerechtigkeit ihren Lauf

4

Wahr ist, daß man den zum Tode verurteilten
Hetzer massive Balken schleppen ließ, den
Intellektuellen strafte mit körperlicher Arbeit
Wahr ist auch, daß der schwächliche Mann
Schwer trug an jenem Holzkreuz. Anspucken

Ließ man ihn, den überführten Entlarver
Peitschen und verspotten von denen, die er
verhetzt hatte vordem. Aus Schikane zerrten
Die Polizisten ihn über volkreiche Plätze
Und also vorbei auch an seinen untergetauchten
Oder einstmaligen Genossen, so daß diese
Ihre Gesichter abwandten von ihm vor Scham
Und kannten ihn nicht mehr, und sie ließen ihre
Füße sich seitwärts irren, aus Furcht

5
Nicht
Wahr ist, daß hinlänglich Gezeichneter
Den großen Tod starb am Kreuz. Und nicht
Wahr ist, daß der Leichnam drei Tag darauf
Eine steinerne Grabplatte lüftete. Und nicht
Wahr, daß Jesus gen Himmel flog als ein anderer
Diese Lesart ist eine Legende, verbreitet
Vom harten Kern seiner Jünger, die all das
Unter die Leute streuten, nur, um sich selbst
Und auf lange einen Namen zu machen. Das gelang

6
Wahr
Ist: Jesus Christus, eskortiert von Beamten
In Zivil, schleppte er sich durch Dörfer, durch
Städte des Heiligen Landes. So lange trug er
Sein Holz durch immer stillere Jahre, so lange
Bis die Männer sagten, wenn er vorbeikam: Ach
Was tuts, er lebt ja noch. Immerhin, sagten die Fraun
Der hat Glück: Besser, er trägt das Kreuz
Als das Kreuz trägt ihn!

Und Jesus weinte ohne Tränen und lernte nun das:
Ein lebender Märtyrer, der ist sehr tot

7
Und die Straßenkinder gewöhnten sich an den
Wunderlichen mit dem morschen Kreuz auf dem Ast
Und die Straßendirnen gewöhnten sich an den
Anblick, wie auch die Straßenpolizisten. Und
Jesus Christus gewöhnte sich an sich und sein
Sperriges Gepäck. Bald schon wurden die Schmähungen
Rar. Der Speichel floß nun sparsamer. Kein
Schwanz bemerkte ihn noch. Bald auch konnte er
Sich nicht mehr erinnern, wie alles gekommen war
Sogar Herodes vergaß auf den Fall

8
Als seine Wächter endlich darauf kamen
Daß Christus seine Schand-Runden durch das Land
Auch alleine drehte mit dem Kreuz, da blieben sie
Zu Haus und wässerten ihre Gärten hinterm Haus
Oliven gab es mal gute, mal keine, Erdbeben, auch
Kleinere Kriege. Brot wurde gebacken. Kinder
Gemacht. Steuern hinterzogen. Wein gekeltert
Der alte Sonderling aber ging unbemerkt unter
Im gewaltigen Alltag. Und die berühmten
Requisiten? Was blieb von der Legende? Wahr
Ist: Er wurde geschlagen, ja, an das Kreuz
Nämlich: der grauen Jahre. Die Nägel
Die drei, waren nichts weiter als
Furcht und Schwäche und Vergesslichkeit. Die
Dornenkrone, auch sie: nichts, als
Eine gelungene Metapher für des Menschen

Endlichkeit. Der Essigschwamm: Nichts
Als ein Schwamm voll mit Essig

9
Die Auferstehung aber, diese
Schamloseste der Erfindungen, ist wahre Lüge
Und dauert. Und wird dauern, bis die Götter
Menschen geworden sind und die Menschen
Götter. Bis dahin – und keinen Tag länger

Armer Teufel (1989)

Eines schönen Tages kam der Teufel aus der Hölle hoch. Mal
sehn, wie's geht, wie's steht – 'ne Ewigkeit war er nicht mehr
oben gewesen. Nach drei schlimmen Tagen raste er wieder
runter.

Er war fix und fertig.

Aus den verschiedenen Kreisen der Hölle rief er alle seine Hilfsteufel zu einer Vollversammlung zusammen: Die
Ölkesselheizer, die Daumenschraubendreher, die Händeab-
hacker, die Armauskugeler, die Eingeweiderausreißer, die
Zungeabschneider und die Ehrabschneider, die Augenaus-
barzeler, die Blutabzapfer und Seelenzerbrecher, die Peit-
schenteufel und die Herzausstecher – alle seine Folterspezia-
listen.

Er zitierte zur höllischen Katastrophen-Konferenz auch
den florentinischen Dichter Dante Alighieri, der seit Ewig-
keiten im Patentamt der Hölle neue Erfindungen zur Men-
schenquälerei registriert.

Und der Teufel holte sich aus der Liedermachergruft den
Jacques Brel hoch, den Belgier, und er schimpfte: Schuft!
du hast mich ganz schön angeschmiert und eingelullt mit
deiner Schnulze. Von wegen Ça va – alles klaar, ça va ... wun-
dabaa ... nix is ça va auffer Erde!

Und als alle versammelt waren, räusperte der Teufel sich
und hielt eine Rede. Und das ist es, was er sagte:

1

Ich trieb mich da oben drei Tage rum
Es war die Hölle! Wir sind bankrott
Er zieht unsre Firma mit rein in' Konkurs
Der alte Trottel im Himmel: GOtt
Die Menschen fürchten die Hölle nicht mehr
Sie haben ihn umgedreht, den Spieß
Die haben sich alles schon selber gemacht
Sie haben schon Hölle! und Paradies!!
    Armer Teufel, armer Teufel ...

2

Zum Badengehn rasen sie rund um die Welt
In Blechkisten fliegen sie wie verrückt
Sogar eine Reise zu meiner Sonne
– will sagen: zum Mond – ist ihnen geglückt
Sie foltern sich selber mit Medizin
Mit Heroin und Elektroschock
Sie peitschen mit hunderttausend Watt
Ins Ohr sich den Heavy-Metal-Rock
    Armer Teufel, armer Teufel ...

3

Da kommt Old Jehovahs Donner nicht mit
Der klingt wie Kinderhusten dazu
Sie schießen mit Lasern, dagegen sind
Gottvaters Blitze nur Muschibubu
Des Allmächtigen Feuerpfeile, die sonst
Gefürchtet waren am Firmament
Sind Piepmantscher im Vergleich mit dem
Was man auf der Erde Raketen nennt
    Armer Teufel, armer Teufel ...

4

Die Hölle macht alles in Handarbeit
Wir köpfen mit Kunst jeden einzelnen Kopf
Ich find, das ist unfairer Wettbewerb
Die drücken nur faul auf den roten Knopf
Die Menschen zünden tief unter der Erd
Atombomben, die mich total verwirrn
Jetzt wißt ihr, warum gelegentlich
Bei uns in der Hölle die Tassen klirrn
        Armer Teufel, armer Teufel …

5

Die einen fressen sich dumm und dick
Die andern würgen am Hungertuch
Die Ärmsten sind fruchtbar und mehren sich
Ihr Kindersegen ist längst ein Fluch
Der Mensch wird in Massen gekillt und geborn
Das Kreuz macht ein Pfaffe im Vatikan
Verflucht! im Vergleich mit dem Golfkrieg ist
Die Hölle 'ne alberne Geisterbahn
        Armer Teufel, armer Teufel …

6

Die lachen und pfeifen den Satan aus
Ich bin blamiert vor dem Publikum
Die Hölle ist oben! Und wir sind hier
Verkommen zum Sanatorium
Ich war einst ein Engel und bin gefalln
Jetzt fall ich noch tiefer. Die sind zu stark
Die haben ein' Vorsprung im Know-how
Veraltet ist unser Maschinenpark
        Armer Teufel, armer Teufel …

7
Ich habe den technischen Fortschritt verpennt
Ich war zu romantisch, zu lasch, zu lau
Nun straf ich mich selber: Ich werde ein Mensch
Nein, schlimmer noch, Teufel: Ich werd eine Frau
Ich nehme es ernst mit der Selbstkritik
Kein Gott, kein Teufel soll mir verzeihn
Ich will die schlimmste Strafe: Ich will
Ein Mensch unter diesen Menschen sein
    Armer Teufel, armer Teufel …

Religionsunterricht (2003)
für Doris Rosenkranz

Der liebe GOtt, mein liebes Kind
Liebt alle Menschenkinder
Die schwarzen, die weißen, die gelben und roten
Die guten – die bösen nicht minder

Gott schuf unsre Welt? – Ja, das ist wahr
Gott schuf auch die Vögel und Affen
Wer aber schuf Gott? – Du, das ist klar:
Den hat ja der Mensch erschaffen

Wir sind seine Schöpfer. Und ER ist gewiß
Viel menschlicher als seine Macher
Gott ist ein gestrenger Lehrmeister und
Ein freundlicher Widersacher

Gott ist unser edleres Ebenbild
So hausen wir hier auf Erden
Wir eifern dem eigenen Kunstwerk nach
So wollen wir Menschen
    So wollen wir, mensch!
      So wollen wir Menschen werden

Doris, die jüdische Frau des Dichters Moses Rosenkranz aus der Bukowina, lebte nach der Nazizeit als Lehrerin in einem Dorf des Hochschwarzwalds. Sie hatte die Pflicht, jeden ihrer Erstklässler zu fragen, welcher Religion er angehört. Der letzte Schüler, den sie in die Liste eintragen wollte, antwortete nicht »katholisch« oder »evangelisch«, sondern ohne Arg: »Ich? Ich bin musikalisch!«

Hanseatischer Kinderkatechismus für Mollie
(2006/2021)

Du fragst mir ja komische Löcher in' Bauch
Und setzt mich schon ganz schön aufn Pott
Na klaro, mein plietsches Mollie-Kind
Weißgott – ich spüre es auch – es gibt
Im Hamburger Himmel den lieben Gott
Den bösen Gott, liebes Kind, gibt es auch.
Der Alte schläft grad vonner Arbeit aus
Schnarcht höllisch im himmlischen Wolkenbett
Auch nach seiner Schöpfung vor fünftausend Jahrn
Hat Gott noch paar kleinere Wunder vollbracht
Das größte Wunder bei Gott allerdings
Das ist er selber! Und wer hat's gemacht?
Ich sag dir 'n Geheimnis, mein liebstes Kind
Behalt es für dich, denn Gottgläubige sind
In diesem Punkte ohne Humor
Deine Ur-Ur-Ur-Ur-Ur-Ur-Ur-Mame hat
Den Gott der Juden und Christen erdacht.
Ich weiß gut Bescheid über Gott, den Herrn
Und wenn er vom Mittagsschläfchen erwacht
Dann sieht er uns beide. Dich hat er gern
Er kennt deinen Namen, dein rüschiges Kleid
Er weiß: Du bist jetzt schon fünf Jahre alt
Kommst bald inne Schule, das wird auch Zeit
Dein gelbes Rad hat schon Stützräder ab
Er mag dein bemaltes Clowns-Gesicht
Gott weiß, wie es weint und gleich wieder lacht
Das Affenweib hier, in Altona
mit Rauschebart aus Affenhaar
Kennt Gott ja auch. Er zählt genau

Die Menschenhorden, die Sternenschaar.
Die Schlangen und Äpfel im Paradies
Sein Erdöl von früher macht Schornsteinrauch
Als Heizer macht Gott unser Haus schön warm
Macht Abendbrot und dann das Morgenrot
Das Mickey-Mouse-Pflaster fürs Blut am Wehweh
Gott schuf auch die Dinos, die sind mausetot
Delphine, die gar keine Fische sind
Und Pipi Langstrumpf! Das zehnte Gebot!
Den Hunger nach Freiheit! (Was soll so was sein?
Das kann ich dir jetzt nicht verklaren – nee, nein)
Gott macht braven Kindern auf Cola den Durst
Nutella, Spaghetti und Honigbrot
Das Gummibärchen, die Knackwurst. Und ach!
Grün glibbrige Götterspeise macht Gott
Und manchmal macht Gott auch 'ne Nachtigall nach
Denn unsre Thomaner, die singen so schön
In Leipzig die Lieder vom Kantor Bach
Wie Engel im Himmel auf Erden schon.
Gott schuf unsern Garten, den Froschlaich im Teich
Den Fischers-Park hier, zum Laterne-Gehn
Den Nußbaum, den stachligen Rosenstrauch
Den Sommer, den Winter, den Frühling. Und auch
In Övelgönne fürn Schneemann den Schnee
Den Schlitten steil runter zum Elbestrand
Und Mama ihr'n Busen, mein graues Haar
Die Ameisen, Löwen, mal Ebbe, mal Flut
In Pisa stützt Gott einen schiefen Turm
Trägt manchmal aus Jux und aus Übermut
Wie Joseph Beuys Anglerweste mit Hut
Den Scharlatan. Macht auch in Rom den Papst
Mit Dabbelju Busch muß Gott Panzer baun

Schickt Selbstmörder-Mörder ins Paradies
Und dann, Stücker siebzig, die schönsten Fraun
So macht Gott als Teufel auch Höllenqualn
Sei froh, liebes Kind, das weißt du noch nicht
Und wenn du mal groß bist, sind alle längst tot
Verdorben gestorben, vergessen ganz.
Und weil Gott dein Leckermäulchen kennt
Langnese-Eis macht er für uns am Stiel
Damit du's am Eck von der Tanke holst
Eis kostet mit Schoko fast zweihundert Cent
Gott macht auch den Pferden den Pferdeschwanz
Von Gott lernte ich das Gitarrespiel
Er trägt auch die Engel aus Blech durch die Luft
Den Airbus, die Boeings aus USA
Er schubbst auf den Schienen die Eisenbahn
Er schwimmt mit den Flüssen weit raus ins Meer
Wo sich manche Nächte der Mond betrinkt
Sein Königreich heißt Great-Utopia
Gott hütet das U-Boot, den Sputnik, den Stint
Gott ist auch ein Rocker – mit Harley, na klar
Das Chilln nach der Disco findet er toll
Gott hört N-Joy-Radio mit all die Kids
Gott spielt auch DJ und legt Platten auf
Wie »Grandmaster Ben«, dein Bruderherz
Mal Hiphop, mal Rap. Doch dein Dudu hört
Mehr Heavy Metal und Technogedröhn.
Gott macht nach der Flaute auch Nordseesturm
Und wenn mal 'n Containerriese versinkt
Auf hoher See bei Wedder un Wint
Dann weint Gott sich aus mit Donner und Blitz
Und fischt paar ersoffne Matrosen hoch
Und schmettert sein Schlagerlied »Seefahrt is Noot«

Und gröhlt wie beknackt: Es leebeee der Tood!
Gott kontrolliert auch den Freihafen scharf
Die Zollgrenze, wo keiner schmuggeln darf
Kaffee, Zigaretten, Scotch Whiskey und Tee
Gott macht auch mal blöde auf starker Mann
Da hat er Geschick in und ein' im Genick
Gott baggert alleinsame Mädchen an
Er baggert die Fahrrinne frei vom Schlick
Sonst laufen die haushohen Schiffe auf Grund.
Die Nordsee drückt Gott in' Nord-Ostsee-Kanal
Beim Reimen bläst Gott mir Stabreime ein
Auch meinen Computer hat er installiert
Gott servt meinen Server für eMail-Post
Gott lockte mich in unsern Garten jetzt
Und hat mich zum Apfelpflücken verführt
Für deine Mama – das ging gar nicht gut:
Er hat mein' klein' Finger mir abgefetzt!
Ich weiß nicht warum und schon gar nicht wozu
Die Lalas und Bauer Ehlers sein Vieh
Gott hütet in Hasenmoor Huhn, Schwein und Kuh
Er macht aber niemals Kaka und Pipi
Klo gibt es nicht im Wolkenkuckucksheim.
Gott ist auch zu Gottverlassenen nett
Er segnet den Moslem, den Juden, den Christ
Macht Witzchen auf Jesus und Mohammed
Gott sponsert die Hamburger Philharmonie
So wie mein Freund Kühne den HSV
Doch FC St. Pauli – den lieben wir mehr.
Gott hütet die Luden, den Kiezpolizist
Ist Bordsteinschwalben ein Schutzpatron
Hilft Koberern, Dealern vorm Silbersack
Sein Lieblingsvögelchen ist der Spatz

Hans Albers singt Shantys »Nachts um halb eins ...«
Die Große Freiheit, die Reeperbahn
Da ist auf der Welt sein Lieblingsplatz
Gott blies seinem Liebling, dem Uli Tukur
Aus Baden den Sound auch der Fischköpfe ein
Hanns Leip kräht: Mensch Gott: Sing mal »Lili Marleen«!
Halunkenpostille, die schlagert sauschön
Gott treibt Crazy Horst klamme Kundschaft zu
Paßt auf, daß auch immer die Stimmung stimmt
Im Panikorchester, und feixt über U...
Old Lindenberg, wenn der schwimmt
Auf hoher See im ATLANTIC vorbei
Am Tresen spendiert er mir einen Klarn mit 'n Bier
Gott findet den Fischmarkt in Altona
Ein scheni-Aales Viel-Völker-Revier
Da brülln die Bananenverkäufer wild rum
Und gafft Gott mal selbst sich im Spiegel an
– das ist unsre Alster, die spiegelt so schön –
Dann sagt er: Min Jung, hassu gut gemacht!
Gott ist auch der Gärtner, wenn kunterbunt
In Plantn un Bloomen tausend Blumen blühn
Wenn du noch mal Tulpen abreißt, Mollie, kann
Dir Gott auch mal – patsch! – eine runterhaun.
Das Alsterhaus baute der liebe Gott
Im Grunde allein für sein' Juden »Tietz«
Am Jungfernstieg paßt er auf Luki auf
Daß der sich beim Skaten die Gräten nich bricht
Mensch Mollie, ich komm grad so schön in Fahrt
Von Anfang an, also rechtzeitig »Zu früh!...«
Muß eine Waschechte Hamburger Deern
Das alles schon hörn und auch selber sehn
Und später erst richtig falsch mißverstehn.

Gott hat sogar seine Finger im Spiel
Im Hamburger Rathaus ist Gott to Huus
Beim Stimmenauszähln in der Demokratie
Da macht ihn Rot-Rosa-Schwarz-Grün-Gelb konfus
Als Absteige im Protestanten-Quartier
Hat Gott auch den Hamburger Michel hier
Ihn nervt nur sein Bodenpersonal
Das traurige Schwarz der Talar-Uniform
Gott pilgert auch mal ins Panoptikum
Da kriegt er mit Wachsfiguren oft Krach
Gott schützt kranke Penner vor Ungemach
Und auch Musikanten, die er gut kennt
Dem Spray-Monster OZ sieht Gott alles nach
Er tötet auch manchmal 'ne Ratte der Luft
Doch niemals 'ne Friedenstaube mit Gift
Ich glaube, Gott ist büschn mehr Mann als Frau
Er raunte mir nämlich zu: Findst du auch
Hammonias göttliches Hinterteil geil?
Da geht es uns, wie es dem Heine ging
Als der an den Lippen der Stadtgöttin hing.
Gott prüft auch in Hamburg am achten Gebot
Den Richter, wenn der hier im Landgericht
Für IM »Notar« die Gesetze bricht
Und prügelt statt Gysi den leeren Sack
Damit endlich das zusammenwächst
Aus Ost und West, was zusammengehört:
Gesamtdeutsch vereintes Verbrecherpack.
Du siehst schon, min seute Appelsnuut
Gott führet zusammen, er spaltet nicht
Und alles, was schlecht ist, macht Gott wieder gut
Doch schusselig macht Gott auch Gutes oft schlimm
Kreiert all den Himmel-und-Hölle-Klimbim

Den Haß in der Liebe, im Lieben den Haß
Und alles macht Gott schlau in Schwarzarbeit
Für Seelengeld, denn das ist Gottes Lohn
Er rettet ein syrisches Kind, wenn das Pack
Der Ausländer-Hasser mit Feuer spielt
Er wackelt an einer Pistole, wenn grad
Der Mörder auf schuldlose Menschen zielt
Damit er nicht panisch sein Messer zückt
Gott liefert dem Flüchtling ein' Bundespaß
Er macht uns vernünftig und macht uns verrückt
Ihm macht oft das Plagen mit Plagen Spaß
Ja, Gott, ist der große Macher: Er macht
Und kriegt dazu von uns Menschen die Macht

Epilog
Nur eins hab ich – ganz alleine vollbracht
Da mußte auch kein Aas mir helfen bei
Mit liebeslustgläubiger Abgötterei
Dich! hab ich gemacht, mein Mollie-Kind.
Und wie? mensch, du fragst mir Löcher in' Bauch
Frag nicht nach dem Märchen vom Klapperstorch!
Ich machte es zauberzärtlich und wüst
Ich bin ganz genau, wie die anderen sind:
Ich hab dich bei Vollmond in heller Nacht
In deine Mama tief reingeküßt

Ich hatte viel Bekümmernis
Bachkantate No. 21

Der Komponist Hanns Eisler, mit dem einen Fuß stand er auf dem schwankenden Boden der deutschen Romantik, mit dem anderen auf dem Beton-Boden von Arnold Schönbergs totalitärer Tondemokratie. Eisler war und bleibt mein bewunderter Meister.

Aber ich lernte auch ab vom Blues, von der lebenslustigen schwarzen Armut in Amerika. Eine Musik aus Weh und aus Leid gemacht und doch ganz ohne alle Wehleidigkeit. Ich mag den Cante Jondo aus dem Fegefeuer des Flamenco. Das große Licht geht an, wenn die Engel im Himmel heimlich Mozart spielen. Ja ja, und Schuberts Lied von der Forelle entzückt mich. Und Schumanns Lied von den beiden Gesellen kann mich gar zu selbstmitleidigen Tränen rühren:

Und als er auftaucht vom Grunde
Da war er müde und alt
Sein Schifflein, das liegt auf dem Grunde
Und still ists rings in der Runde
Und über den Wassern wehts kalt

Aber Liebe, die richtige große Musik-Liebe? Die gilt nur einem Einzigen. Ich liebe erstens den Bach, und zweitens Bach, und drittens Bach – na, und Bach! Ich meine damit nicht die ganze bucklige Verwandtschaft im Stammbaum dieser Genies, ich meine nur den einen: den Alten. Ich gebe zu: Es gibt originellere Neigungen.

Natürlich höre auch ich nicht immer nur Bach. Aber eine Sache ist klar: Gäbe es den Gott der Juden und Christen doch – und wäre dieser Gott je Mensch geworden, dann hieße der, so denke ich, nicht Jesus von Nazareth, sondern: Johann Sebastian Bach.

Vom unendlichen Bach wiederum liebe ich am meisten seine Kantate Nummer 21 »Ich hatte viel Bekümmernis«. Dieses Stück ist meins. Ich hab es mir rausgerissen. Reingezogen habe ich es mir immer wieder und in sehr verschiedenen Lebenslagen.

Die Kantate ist ein Stück Musik, strukturiert wie in der Reklame das »Vorher-Nachher«: »Vorher hatte ich eine Glatze, nachher wuchsen mir wieder die Haare.« – »Erst ging's mir sauschlecht, nun geht's mir wieder gut.« – »Ich erstickte in Gewissensnöten, nun bin ich wieder im Reinen mit mir.« – Das gepriesene Mittelchen kann dabei eine Salbe sein oder eine Illusion, ein fester Glaube oder irgendeine Lebenslüge. Das Modell ist immer das gleiche: Durch Nacht zum Licht, vom Regen in die Sonne, vom Schlechten zum Guten – und so simpel ist auch die Machart der Kantate No. 21. Gemacht allerdings ist diese Art mit höchster Raffinesse, eben von Meister Bach! Schlichte Worte eingegossen in seine göttliche Musik.

In der Kantate gibt es zwei Momente, die mich besonders und dabei höchst unterschiedlich berühren. Nein, nicht etwa das Zwiegespräch zwischen der Seele und dem Heiland: Da krümmt sich ein verzweifeltes Weib in Gewissensnöten, und Jesus Christus will sie trösten. Sopran und Baß in einem Liebesduett.

Komm, mein Jesu und erquicke – singt die Frau
Ja, ich komme und erquicke – singt der Mann
Und erfreu' mit deinem Blicke – singt die Frau
Ja, dich mit meinem Gnadenblicke – singt der Mann
Und so reimelt es sich voran: Herze, Schmerze,
                                          sterben, erben …
Nein, ach nein, du hassest mich! – klagt die Frau
Ja, ach ja, ich liebe dich! – tröstet der Mann

Nun, da bleibt doch kein Auge trocken! Sei es aus Rührung über die brachiale Erotik dieses hochreligiös gemeinten Textes – oder weil die Augen weinen vor Lachen über diese idiotisch geknüttelten Verse eines Hobbydichters bei Hofe. Auch auf die schöne Arie 5, die ein Tenor in dieser Kantate in endlosen Tonbögen singt, trifft das zu: So albern auch die Worte, so heilig ernst aber, so modern, ja so schubertschön ist Bachs lautgemalte Musik dazu.

Bäche von gesalzenen Zähren
fluten rauschen stets einher
Sturm und Wellen mich versehren
und dies trübsalvolle Meer
will mir Geist und Leben schwächen,
Mast und Anker wollen brechen!
Hier versink ich in den Grund
kdort seh ich der Hölle Schlund.

Als ich Bachs Kantate 21 zum erste Mal hörte, traf ich in ihr gleich zu Beginn drei alte Bekannte. Nach der einleitenden Sinfonia beginnt der Chor mit einer dreimaligen Wiederholung des ersten Wortes im Psalm 94:19. Nicht pathetisch, aber auch nicht hastig runtergesungen, sondern mit getrage-

ner Schwere heißt es da: *Ich!... Ich!... Ich!...* Und gleich
ein viertes Mal: *Ich!... hatte viel Bekümmernis.* Diese drei
Worte ließen mich aufhorchen, denn genauso fängt ein Gedicht an, das ich als junger Rebell schrieb, als ich auf der Kip-
pe stand, mit den herrschenden Genossen der DDR zu brechen – und doch noch inbrünstig hoffte, etwas verändern
zu können. Damals hatte ich von Bachs Tuten und Blasen
nur eine Ahnung und kannte seine Kantate nicht.

Mein Gedicht, das ich 1962 schrieb, hatte den Titel »Rücksichtslose Schimpferei« – es ist das vielleicht kunstärmste und
aufrichtigste Stück Lyrik aus den 60er Jahren im Osten
Deutschlands.

Rücksichtslose Schimpferei

Ich   Ich   Ich
bin voll Haß
bin voll Härte
der Kopf zerschnitten
das Hirn zerritten

Ich will keinen sehn!
Bleibt nicht stehn!
Glotzt nicht!
Das Kollektiv liegt schief

Ich bin der Einzelne
das Kollektiv hat sich von mir
isoliert
Stiert mich so verständnisvoll nicht an!
Ach, ich weiß ja schon
Ihr wartet mit ernster Sicherheit

daß ich euch
in das Netz der Selbstkritik schwimme

Aber ich bin der Hecht!
Ihr müßt mich zerfleischen
zerhacken, durchn Wolf drehn
wenn ihr mich aufs Brot wollt!

So schlug ich um mich in meiner Furcht. Das Gedicht geht
noch weiter, aber diese drei provokanten *Ichs* haute ich brachial den Partei-Bonzen um die Ohren. Schwer vorstellbar
heute, aber so ein dreifach gebündeltes Reizwort »*Ich Ich
Ich*« war in den Zeiten des Kartoffelsack-Kollektivismus
schon ein Sakrileg. In unserer bürgerlichen Gesellschaft heute rennt man mit diesem dreifachen Ich nur offene Türen ein.
Unsere durchgecoachte, moderne *Ich Ich Ich*-Welt muss
nicht noch groß ge-ich-tet werden. Im Feudalsozialismus der
stalinistischen Jahre aber, im Sozialismus, wie auch beim
Kantor Bach 1714 in Weimar bei Hofe, konnten die Untertanen gar nicht laut genug *Ich!* sagen. Das galt schon als eine
parteifeindliche Gotteslästerung gegen die katholische Doktrin von der edlen Unterordnung des Einzelnen. War doch
die Partei, in der der Einzelne demütig aufgehen sollte, eine
Kirche! Und das Kollektiv zum Heiligtum erhoben. Die Grö
ße des Ichs maß das Regime daran, wie klein es sich machte.
Wichtig war des Einzelnen Nichtigkeit. Freiheit gab es nur
als Einsicht in die Notwendigkeiten des Partei-Apparats.

Als ich Jahre später bei Bach die drei provokanten *Ich
Ich Ich* meiner Jugend wiedertraf, beglückte mich das. Der
Mensch freut sich über einen Gleichgesinnten, auch wenn
der ein Gott ist.

Die zweite Stelle der Kantate, die so sehr anfasst, geht an den Nerv meiner lebenslänglichen Seelenschiefheit: Zu oft bin ich zu traurig. Zeiten gibt es, da habe ich nicht etwa die Traurigkeit, sondern die Traurigkeit hat mich. Und wer humpelt, der sucht sich eine Krücke. Meine Seelenkrücke fand ich in Bachs Kantate 21.

Die Zeilen sind schwer zu finden und doch leicht markiert. Gegen Ende der Kantate geht's mit allen Geigen und Oboen und Bachtrompeten in Richtung Finale. Es geht mit den teuer eingekauften Solisten und den billigen, den begeisterten Chorsängern im Galopp zur Versöhnung mit Gott und der Welt. Alles Musikantenvolk jubiliert sich in die Kátharsis. Der Chor bereitet dieses Freudenfest der Seele in polyphonen Verschachtelungen vor. Auf dem Wege zu meinem kostbaren Seelenbrot tiriliert der Chor zuvor den Psalm 116:7. Worte, die mir wie aus pfäffischem Blech erscheinen: *»Sei nun wieder zufrieden, meine Seele, denn der Herr tut dir Guts«*. Dazu eine tieftröstliche Musik. Aber so etwas will einer wie ich nicht hören: *»Sei nun wieder zufrieden …, denn der Herr tut dir Guts«* – solch ein Trost äfft mein Herz, das geht mich nichts an. Das trifft mich nicht. Das stumpft mich eher. Welcher Herr sollte mir Gottlosem Gutes tun? Und zufrieden … zu Frieden werde ich erst im Frieden zwei Meter unter der Erde sein.

Aber: Siehe da! Tief verdeckt unter dem kunstvollen Stimmengewusel *»Sei nun wieder zufrieden …«* singen ein paar Männer eine stetige, eine langsame Choral-Melodie im Kontrapunkt. Wie ein Gebetsriemen geflochten durch die Finger. Sie singen eine Melodie in kürzesten Tonschritten und in langen halben Noten. Und die Worte versteht man überhaupt nicht, sie gehn unter in dem vielschichtigen Gewirr. Jedoch das Ohr hört sich rein. Das kunstvolle Durcheinander ordnet sich, und wird transparenter. Und da werden diese 11 Wörter aneinandergereiht zu dem goldenen Wort, das ich meine:

Wir machen unser Kreuz und Leid
Nur größer durch die Traurigkeit.

Die Melodie dieser Zeilen behauptet nichts. Sie fordert nichts und eifert nicht. Die halben Noten trumpfen nicht auf, sie singen nur einfach eine Lebenserfahrung: Bringe Heiterkeit in dein Leiden! Ohne Lachen ist dein schönstes Weinen nur ein Flennen! Ich genoß jene gelassen dahingesungene Buchstabenreihe wie die Heilung von einer lebensgefährlichen Krankheit in meinem Gemüt.

Gewiß: Worte sind nur Worte. Wer wüßte das besser als ich, der selber mit Worten auf den Marktplatz rennt und damit Handel treibt. Aber diese zwei Zeilen trafen mich, ein Blitz! Sie erschütterten mich wie eine Erleuchtung. *Wir machen unser Kreuz und Leid / Nur größer durch die Traurigkeit* — klingelt das nicht wie eine tautologische Binsenwahrheit? Allein der banale Reim sollte einen Dichter und gebranntes Kind wie mich mißtrauisch machen. Dennoch elektrisierten mich diese zwei Choral-Zeilen in Bachs Kantate wie die endlich gefundene Lösung meines Lebensrätsels.

Als mich diese Offenbarung so angenehm erschütterte, verstand ich den Sinn jedoch nur irgendwie. Nichts groß durchdacht, nichts begründet, keine Analyse. Es roch sympathisch nach guter Laune auch im tiefsten Elend. Der leidende Mensch soll versuchen, sogar in der Mördergrube noch lustig zu leben, dachte ich und, ach, wer das nicht schafft, ist sowieso schon tot.

Erst viel später begriff ich die tiefere Wahrheit dieser zwei

Zeilen. Ich traf vier sehr verschiedene Menschen, die dort überlebt hatten, wo mein Vater ermordet wurde: in Auschwitz. Und alle vier berichteten dasselbe. Auch das Leben hinter Stacheldraht, im Schatten der Gaskammern und im Gestank der Krematorien war sehr lebendig. Die Häftlinge haben gelacht und geweint, sie haben sich Witze erzählt und lange Geschichten. Und alle haben die verblüffende Erfahrung gemacht, daß die Gesamtsumme von Trauer und Fröhlichkeit nicht viel anders ist als in einem Leben in Freiheit. Also nicht groß sich ändert. Nur die Gründe, warum es einem schlecht geht oder gut, hatten sich im Lager gewaltig geändert.

Im KZ erlebst du einen Glücksmoment, weil du eine Krume Brot in der Tasche eines toten Kameraden gefunden hast. Im demokratischen Wohlstandsparadies bist du glücklich, weil du endlich Arbeit gefunden hast oder eine bezahlbare Wohnung. Doch die Seelenökonomie scheint immer gleichzubleiben, denn die Freude, die man aus sehr verschiedenen Gründen empfindet, ist immer gleich groß und gleich gewichtig. Und so steht es auch mit dem Kummer in jedem Koordinatensystem: *Wir machen unser Kreuz und Leid / Nur größer durch die Traurigkeit.*

Gemessen am Schicksal der KZ-Häftlinge war mein Leben immer Zuckerschlecken. Trotzdem: Ich zog meinen Trost aus der Bachkantate 21, als in der DDR Tag und Nacht sechs Stasispitzel vor meiner Tür in der Chausseestraße 131 rumlungerten, als mir der Stiefel des Staates auf der Kehle stand. Und auch im freien Westen tröstet mich Bachs Kantate. Noch viel schwieriger, als Mut zu haben gegen seine Feinde, ist es, auch Mut aufzubringen gegen echte Freunde. Die Feigheit vor dem Freund zu überwinden ist immer wieder eine wahre Mutprobe. Ach, und oft, wenn ich tapfer genug war,

meinen Freunden ein paar schmerzhafte Wahrheiten anzu-
tun, machte ich die Erfahrung, daß manch gekränkter Freund
maßloser zurückschlug als die wohl vertrauten Feinde.

Eine offene Feindschaft mit richtigen Feinden beruhigt die
Seele und stachelt die Kräfte an. Aber meiner Freunde Haß
vergiftet mir das Herz mit einer Bekümmernis, die sich um
nichts anderes mehr kümmert als um den eigenen Kummer.
So fiel ich manchmal in bodenlose Traurigkeiten, und ich geriet in eine lähmende Verzweiflung, versackte in Resignation.

Die Musik des Johann Sebastian Bach aber besänftigt sogar
meinen dummen Haß und ermuntert meinen intelligenteren
Zorn. Bloß nicht verbiestern und zerknittern! Und nicht zer-
fließen in Selbstmitleid! Wenn mir die Gefährten im Streit
um den einzig richtigen Weg im Freiheitskampf der Menschheit mal wieder in das Herz treten und mich aus der Menschheit ausschließen, läßt mich Johann Sebastian Bach durch die
Hintertür der Liebe wieder ein.

Kleine Ermutigung (1963)

Ach verzagt nicht, Freunde
Hattet ihr wahrlich geglaubt
Jahrtausendelanger Kämpfe Macht
Löse lieblich sich in diesen Tagen?

Jammert doch der Tränen wegen
Länger nicht, ihr Lieben
Sind sie der Regen doch auch
Für die zartesten Blumen

Müßte der Strauch nicht des Glücks
Verdorren, ja verdorren
Ohne des Leidens
Wolkenbrüche?

Und als wir ans Ufer kamen (1976)

Und als wir ans Ufer kamen
Und saßen noch lang im Kahn
Da war es, dass wir den Himmel
Am schönsten im Wasser sahn
Und durch den Birnbaum flogen
Paar Fischlein. Das Flugzeug schwamm
Quer durch den See und zerschellte
Sachte am Weidenstamm
    – am Weidenstamm

Was wird bloß aus unsern Träumen
In diesem zerrißnen Land
Die Wunden wollen nicht zugehn
Unter dem Dreckverband
Und was wird mit unsern Freunden
Und was noch aus dir, aus mir –
Ich möchte am liebsten weg sein
Und bleibe am liebsten hier
    – am liebsten hier

Der Hugenottenfriedhof (1969)

Wir gehn manchmal zwanzig Minuten
Die Mittagszeit nicht zu verliern
Zum Friedhof der Hugenotten
Gleich hier ums Eck spaziern
Da duftet und zwitschert es mitten
Im Häusermeer blüht es. Und nach
Paar wohlvertrauten Schritten
Hörst du keinen Straßenkrach
Wir hakeln uns Hand in Hand ein
Und schlendern zu Brecht seinem Grab
Aus grauem Granit da, sein Grabstein
Paßt grade für Brecht nicht schlecht
Und neben ihm liegt Helene
Die große Weigel ruht aus
Von all dem Theaterspielen
Und Kochen und Waschen zu Haus
  Dann freun wir uns und gehen weiter
  Und denken noch beim Küssegeben:
  Wie nah sind uns manche Tote, doch
  Wie tot sind uns manche, die leben

Wir treffen das uralte Weiblein
Das harkt da und pflanzt da und macht
Und sieht sie uns beide kommen
Dann winkt sie uns ran und lacht
Die Alte erzählt uns von Achtzehn
Novemberrevolution:
»Hier schossen sich die Spartakisten
Mit Kaiserlichen, die flohn!

Karl Liebknecht und Luxemburg Rosa
– so muß es den Menschen ja gehn! –
Lebendig und totgeschlagen
Hab ich sie noch beide gesehn!
Als ich noch ein junges Ding war
– ich bin ja schon viel zu alt! –
Von hier bis zur Friedrichstraße
War alles noch dichter Wald«
　　　Dann freun wir uns und gehen weiter …

Da liegt allerhand große Leute
Und liegen auch viel kleine Leut
Da stehn riesengroße Platanen
Daß es die Augen freut
Wir gehn auch mal rüber zu Hegel
Und besuchen dann dicht dabei
Hanns Eisler, Wolf Langhoff. John Heartfield
Wohnt gleich in der Nachbarreih'
Von Becher kannst du da lesen
Ein ganzes Gedicht schön in Stein
Der hübsche Stein da aus Sandstein
Ich glaub, der wird haltbarer sein.
Die Sonne steht steil in den Büschen
Die Spatzen jagen sich wild
Wir halten uns fest und tanzen
Durch dieses grüne Bild
　　　Dann freun wir uns und gehen weiter
　　　Und denken noch beim Küssegeben:
　　　Wie nah sind uns manche Tote, doch
　　　Wie tot sind uns manche, die leben

Grauer Vogel (1967)

Nicht mal einen kleinen grauen Vogel
Der fröhlich am Singen ist
Gibt es drüben in der andern Welt
      mein Freund, und das
            find ich dumm und trist

Nicht mal einen kleinen grauen Vogel
Und nie keine Birke am Feld
Und doch, am allerschönsten
      Mittsommer-Tag, hatt ich
           Sehnsucht nach jener Welt

Nach Nils Ferlin: Inte ens

Virginias Lied vom Schlimmsten (1964)

Weißt du, was das Schlimmste
Dir im Leben ist?
Was macht dich zum Sklaven
Was macht dich zum Knecht?
Ach, das Schlimmste ist ja
Ach, daß es so ist!
Daß ihr Unrecht leidet
So, als ob es so sein müßt

Und was ist das Schlimmste
An der Heuchelei
Was hält euch in Ketten
Spottet noch dabei?
Ach, das Schlimmste ist ja
Ach, daß es so ist!
Daß ihr falschen Sinn
Saget einfach hin
Und ihr doch die Wahrheit wißt

Ich weiß, was das Schlimmste
Dir im Leben ist:
Wenn du deinen Herren
Treu ergeben bist
Ach, das Schlimmste ist ja
Ach, daß es so ist!
Daß, wer alles duldet
Daß, wer alles duldet
Lebt – und schon gestorben ist

Ballade zur Beachtung der Begleitumstände beim Tode von Despoten (1964)

Wenn endlich ein Despot
Erschlagen ist und tot
Dann muß man auch sofort
Sofort am selben Ort
Mit Nadel und mit Faden
Sein Arschloch fest verschnürn
Vernähen und verriegeln
Verklammern und heiß bügeln
Verrammeln ganz und gar
Venieten und verlöten
Schön luft- und wasserdicht
Damit die ganze Schar
Damit all die Lakain
Die krochen da hinein
Für ewig drinnen bleiben!

Dann nimmt man schnell den toten
Versiegelten Despoten
Und legt ihn tief ins Grab
Und obenauf mehr Steine
Als damals Jesus seine
Damit nicht auferstehn
Die Heuchler und die Kriecher
Die mit dem Schnüffelriecher
Die Sesselfurzer, Laffen
Die Bonzen und die Pfaffen
Die Spitzel und die Henker

Die Dichter auch und Denker
Die mit dem Heilgenschein
Gekrochen tief hinein
ins ungeheure Arschloch!

Es ist seit alten Zeiten
Ein vielgeübter Brauch
Daß man den hohen Herrn
Ins reichverzierte Grab
Auch Diener, Fraun und Hunde
Lebendig mit reingab
– Wir wolln in diesem Falle
Die Tradition nicht schmähn!
Es solln auch
mit den Herren
Die Knecht
zugrunde gehn!

Das Lied von der obligaten Jungfrau Virginia und die *Ballade zur Beachtung der Begleitumstände beim Tode von Despoten* gehören in mein Märchenspektakel vom Drachen »DER DRADRA«.

Pardon (1985)

Ich lebe noch
pardon, will sagn
bin noch nicht tot
Hab alles was ich brauch
pardon
und bin in Not
Ich bin noch frisch
pardon, will sagn
noch nicht verfault
Hier bin ich gern
pardon, das heißt
noch nicht vergrault

Ich fall nicht um
pardon, will sagn
ich liege schon
Ich mach den Held
pardon, will sagn
und bin ein Clown
Ich hab die Macht
pardon, will sagn
am Leib verspürt
Hab mit Vernunft
kein Mensch, pardon
kein Schwein verführt

Die Welt ist schön
pardon, will sagn
ganz schön am Rand
Ich bau auf euch!

pardon, will sagn
ich bau auf Sand
Auf dem Planeten hier
will sagen
Feuerball
Wird Großer Friede sein
pardon
erst nach dem Knall

Ich hab euch lieb
pardon, will sagn
ich halt euch aus
Mein Heim ist hier
pardon, will sagn
ich hab 'n Haus
Ich sing ganz gern
pardon, will sagn
sonst müsst ich schrein
Ich geh mit euch
pardon, das heißt
ich bleib allein

Winterlandschaft im Lande Angeln (2006)

Kein Blatt am Zweig mehr, nicht mal 'n Blättchen. Nur
Paar schwarzgefaulte Früchte krallen sich
Wie ausgestopfte Drosseln ins Geäst
Doch eine von den toten Quitten zeigt
Ihr eitles Gelb, als wär noch goldner Herbst
Das Pony döst nah am Elektrodraht
Zartgrüne Wintersaat schläft starr im Frost
Und tut grad so, als ob schon Frühjahr wär
Und sehnt sich nach 'ner Decke Schnee, die wärmt
Der Nachbar hat sein' Knick auf Stock gesetzt
Gehölz liegt da, wie eine Strecke Wild
Von Jägern hindrapiert nach einer Jagd
Am Feldrand sind die Hecken kahlgefegt
Der Sturm hat sich noch immer nicht gelegt

Der Sturm aus Rußland hat das Meer gedrückt
Hart in die Bucht. Die Wellen haben schon
Den schmalen Strand verschluckt und beißen nun
Am Fuß des Steilhangs tiefe Wunden rein
Ins Erdreich. Hier am Rand der Küste stand
Ein greiser Apfelbaum. Im grauen Grind
Der Rinde schlafen keine Knospen mehr
Er rutschte runter mit dem Wurzelwerk
Riß fetten Acker mit in' Abgrund, quer
Blieb er auf halber Höhe hängen. Ob
Der Baum im nächsten Jahr noch Früchte trägt?
Um das schon lang kein Flügelpaar mehr schwirrt
Was wird mit dem verlaßnen Vogelnest?
Wer weiß – ich weiß nicht mal, was werden wird

Mit mir, mit dir. Blüht uns noch mal ein Fest
Mit Wein und Liedern unterm Freiheitsbaum?
Als Jahreszeiten gab es für mich einst
Nur immer Frühling, Frühling: Frühling nur
Danach nur Sommer, Sommer – viermal das!
Dann bunter Herbst, nur Herbst, und Herbst und Herbst
Jetzt aber hinternander gibts für mich
Nur Winter, Winter, Winter, Winter. Doch
Noch einmal möcht ich Hundeblume sein
Die auch in einer Regenpfütze blüht
Banal im Jahresrhythmus der Natur
Mit einfach Winter – Frühling – Sommer – Herbst
So paarmal noch mich um die Sonne drehn
Und dann ist gut. Ich hab genug gesehn

Cor ne edito (1988)

Ich kau mein Herz mit gelben Hauern
Und im Gekrächz der jungen Raben
Hör ich Gelächter nicht, noch Trauer
Mein Lied, das wir gesungen haben
Mit Brecht, mit Marx- und Engelszungen
Das war ein frecher Ton aus Hunger
Nach Freiheit. Der ist ausgesungen
– ein alter Rabe ist kein junger

> Ich glaub, die Toten sind gestorben
>> Das kommt, die Toten sind vergessen
>>> – lang wird mir meine kurze Zeit
> Mich kotzen all die coolen Fressen
>> Mir geht es gut. Ich hab zu essen
>>> – ich kau mein Herz in Einsamkeit

Kindlein, es wird! ihr könnt frohlocken
Noch spiel ich meine kleine Geige
Und wieder macht sich auf die Socken
Mütterchen Rußland. Und zur Neige
Geht dies Jahrtausend, das geschmückt ist
Mit Stalin, Hitler, Bach und Hegel
Mit Shakes- und Biermann, der verrückt ist
Und lebt drauflos mit Kind und Kegel

> Ich glaub, die Toten sind gestorben
>> Und was noch lebt, kannst du vergessen
>>> – lang wird mir meine kurze Zeit …

Die Kids spieln Krieg auf dem Computer
Und trällern abgefuckte Lieder
Der Alte, was er soll, das tut er
Im Mai kommt meine Schöne nieder
Mein junges Weib trägt unterm Herzen
Die ganze Welt im Kugelbauch
Wir kennen schon den Schmarrn und scherzen:
Komm raus, du feige Sau, du auch!

Ich glaub, die Toten sind gestorben
Und was noch kommt, kannst du vergessen
– lang wird mir meine kurze Zeit …

Die Toten sind gar nicht jung geblieben
Es stirbt, wofür sie einst gestorben
Das, was sie trieb – und was sie trieben:
Ihr Kinderglaube ist verdorben
Kein Paradies wirds nie nicht geben
Die Hölle graut mir kunterbunt
Hier, wo die Toten nicht mehr leben
Gehn auch die Lebenden zugrund

Ich glaub die Toten sind gestorben
Ach, und bloß ich kann nicht vergessen
– lang wird mir meine kurze Zeit
Mich kotzen all die coolen Fressen
Mir geht es gut. Ich hab zu essen
– ich kau mein Herz in Einsamkeit

Regenbogen (1985)

als wir uns wiedermal ach! für immer und ewig trennten
kitschte der schönste regenbogen über der stadt
Hamburg – als ob wir uns nicht und längst alle kniffe kennten
lächelten wir. wir schwiegen dasselbe wort und flennten
hatten einander lieb – und wieder mal gründlich satt

himmel war blankgeregnet, wolken aus weiberwäsche
fetzten die winde das schmuddelweiß hoch durchs blau
tief hing die sonne im westen und durch 'ne tintige bresche
brachen die strahlen, und oben, in seiner goldnen kalesche
kutschte Gott Amor raufrunter den regenbogen wie 'n Pfau

laß ihn sich spreizen! und laß den gott sich amüsieren
auf unsre kosten, der »ewig-junge« ist abgemafft
– Meleken, meine göttin, so gehts mit uns menschentieren
wenn wir uns auch mit moral die süchtigen herzen
                                        beschmieren
– blut ist noch immer kaltheiß und geiler als himbeersaft

daß wir uns fanden war zufall und duftet nach ringelrosen
jetzt, da wir scheiden, stinkt es so nach notwendigkeit
ach, auf dem affenfelsen trägt man kleider und hosen
unter der feinen schicht jedoch all der liebes-chosen
wuchert in uns der urwald mit alter behendigkeit

als wir uns wiedermal ach! für immer und ewig trennten
kitschte der schönste regenbogen über der stadt
Hamburg – als ob wir uns nicht und längst alle kniffe kennten
lächelten wir. wir schwiegen dasselbe wort und flennten
hatten einander lieb – und wieder mal gründlich satt

Gendergottloses Glaubensbekenntnis (2020)

Mein Lieber Gott ist nebbich Menschin. Immerhin
Hat sie mich lieb, will sagen: ganz schön in der Mache
Sie macht mich fertig, bis ich endlich fertig bin
Als Kerl! Mein Weib macht, daß ich Tränen lache.

Wenns mir zu schwer wird, macht sie mir den Luftballon
Und wenn das Herz mir bricht, dann fliegt sie in die Sonne
Und reißt mich einfach mit – das hat Mann nun davon!
Schlamassel wird mir Massel: Kaltheiß-Herzenswonne.

In diesem Winter fällt mal wieder gar kein Schnee
Der Moselwein wächst schon in Hamburg an der Elbe
Ich seh nicht durch, obgleich ich doch viel klarer seh
Als Du! Will alles anders haben. Quatsch: dasselbe!

Mein Gott ist halt 'ne Göttin: stark, schwach, sanft und wild
Sie schuf mich, treu nach meinem eignen Menschenbild

Heimat (2006)

Ich suche Ruhe und finde Streit
Wie süchtig nach lebendig Leben
Zu kurz ist meine lange Zeit
Will alles haben, alles geben
Weil ich ein Freundefresser bin
Hab ich nach Heimat Hunger – immer!
Das ist der Tod, da will ich hin
Ankommen aber nie und nimmer

Tief schlafen, träumen ohne Schrei
Aufwachen und noch bißchen dösen
Schluck Tee, Stück Butterbrot dabei
Leicht alle Menschheitsfragen lösen
Im ewig jungen Freiheitskrieg
Das Unerträgliche ertragen:
Die Niederlage steckt im Sieg
Trotz alledem die Liebe wagen!

Zur Nacht ein Glas Rioja-Wein
Weib! Weib, du bist mein Bacchanalchen
Laß Tier uns mit zwei Rücken sein:
Flieg du nochmal – und ich nochmalchen!
Dir bau ich den Balladen-Text
Wenn meinem Salamander wieder
Der abgebißne Schwanz nachwächst
Und so, ihr Lumpen, macht man Lieder

Ich suche Ruhe und finde Streit
Wie süchtig nach lebendig Leben
Zu kurz ist meine lange Zeit!

Will alles haben, alles geben
Weil ich ein Feindefresser bin
Hab ich nach Rache Hunger – immer!
Das ist der Tod, da will ich hin
Ankommen aber nie und nimmer

sic. Shakespeare, Othello 1. Akt, 1. Szene im Original, und nicht
»bowdlerized«
Brabantio: What profane wretch art thou?
Iago: I am one, sir, that comes to tell you your daughter and the Moor
are now making the beast with two backs.
Brabantio: Thou art a villain!
Iago: You are a senator!

Meine Jüdischkajten

Ich bin Jude!, korrigierte wütend mein Vater bei Prozeßbeginn 1937 in Hamburg den Richter nach der obligaten Aufzählung von Name, Geburtstag, Adresse, Beruf und Religion des Angeklagten. Der Rote Biermann, er belastete sich im Zorn gegen die braunen Judenfresser mit dieser gelben Nebenbei-Wahrheit.

Nach den jüdischen Religionsgesetzen bin ich überhaupt kein Jude. Jedoch: Halacha hin – Halacha her … manche behaupten, schon wer sich diese prekäre Frage stellt, wie jüdisch er sei, der muß ja wohl ein ganz und garer sein.

Mein schwieriger Freund Marcel Reich-Ranicki erzählte mir, als wir noch nicht zerfreundet waren, diese Anekdote: 1958, also ein Jahr vor dem Erscheinen des Romans »Die Blechtrommel«, wurde er auf einer Tagung der Gruppe 47 von einem jungen Nachkriegs-Literaten mit Schnauzbart genervt: »Sagen Sie mal, was sind Sie denn nun eigentlich – ein Pole, ein Deutscher oder was?«

Der davongekommene Ghettojude Reich-Ranicki antwortete dem davongekommenen Wehrmachtssoldaten Grass angefressen: »Ich bin ein halber Pole, ein halber Deutscher und ein ganzer Jude.« Gut fünfzig Jahre später las ich in der Autobiographie unseres Literaturpapstes: Nie sei er ein halber Pole und auch kein halber Deutscher gewesen. Und schon gar nicht sei er ein ganzer Jude … und zwar nie gewesen und bis heute nicht! Was also? Die sich widersprechenden Antworten sind typische Zeichen für einen diffusen Prozeß der Selbstfindung verlorener Überlebender nach dem Holocaust.

Mein Vater wurde 1904 geboren, also eine knappe Generation vor Reich-Ranicki. Der jüdische Proletarier besuchte
die Talmud-Thora-Schule am Grindel. Er lernte Hebräisch,
wußte aber nicht: wozu?! So machte er lieber eine Lehre als
Maschinenschlosser auf der weltbekannten Großwerft in
Steinwerder, im Hamburger Hafen bei Blohm & Voß. Er ging
nicht mehr in die Synagoge am Grindel, sondern lieber zu
seinesgleichen in den Kommunistischen Jugendverband KJV.
Das religiöse Erweckungserlebnis seiner Jugend und politi-
sche Inauguration war sein Eintritt in die Kommunistische
Partei. Und konfirmiert in dieser modernen Religion hat
ihn dort eine blonde Genossin: Emma Dietrich, meine Mutter. Die Liebenden waren aktive Mitglieder in der Kommuni-
stenkirche. Ihr Messias war der Philosoph Karl Marx und
seine Propheten Engels und Lenin. Ihre Heiligen waren die
Märtyrer Karl Liebknecht und Rosa Luxemburg. Und ihr
Partei-Priester war der Hamburger Transportarbeiter Ernst
Thälmann, ein parteifrommer, ihr tapferer und dogmatisch
beschränkter Befehlsempfänger der stalinistischen Komin-
tern in Moskau.

Der Atheist Dagobert Biermann hatte keinen Hochmut gegen die traditionelle Jüdischkeit seiner Eltern. Sie waren so
abgeflaut fromm wie auch die meisten Christen. Sie wohnten
für niedrige Miete im Hinterhof eines Armenhauses der jüdischen Gemeinde, direkt zu Füßen des Hamburger Michel.

Anders als seine Geschwister wollte Sohn Dagobert nicht
auf den Messias warten, sondern selbst die Menschheit retten, als Kommunist. Er hatte in der Judenschule am Grindel
wahrscheinlich bißchen mehr gelernt und gelesen als seine
kommunistischen Kollegen im Hafen. Unter ihnen galt er
als einer, der im Klassenkampf der Worte es sogar mit bürgerlichen Studenten aufnehmen konnte. Seine angeborene Reli-

gion interessierte ihn nicht die Bohne. Er wollte kein Jude sein, sondern lieber ein Mensch.

»I know that from my own mischpacha, my friend …! That's just typically Jewish!!«, so lachte mit einem Seufzer Amos Oz, als ich ihm bei einem Besuch in Arad von meiner Familie erzählte. Wir liefen zu zweit weit raus aus seinem kleinen Garten am Rande des Städtchens. Vorbei am Denkmal des Igael Tumarkin. So gerieten wir bald tiefer ins Endlose. Die Negev-Wüste. Eine biblische Landschaft. »Bleib mal stehen, Biermann! Hier ist eine Stille, die du nur hier hören kannst«, sagte Amos nun, mit bedeutungsvollem Ton und in einer prophetischen Pose. Er hielt seine Hände hinter die Ohrlöffel. Ich sah seine hochgekippten Augen und spielte nun brav die Pantomime mit. Und so lauschten wir. Aber nix! Amos Oz flüsterte suggestiv: »If you make your ears big enough and hold your breath, you can still hear the echo. That was only a few thousand years ago.« Ich hörte auf ihn. Leise leise, und nun wurde der Jux ernst: Nun hörte auch ich den Hauch eines Nachklangs vom Aufschrei des Erzvaters Jakob im Ringkampf mit Gottes Engel am Jabbok-Fluß: »Segne mich! Sonst lasse ich dich nicht los! – los – los – los« … »Jaaaa«, – flüsterte ich ohne alle Albernheit, »jetzt, Amos! jetzt höre ich das Echo vom Echo vom Echo: laß los, laß los … Oz … Oz … Oz …« So viel Deutsch verstand er und lächelte mich an mit einem kleinen Kopfschütteln.

Einer wie ich muß seine Jüdischkeit nicht groß suchen, denn ich habe sie nie verloren. Und verlieren konnte ich sie nicht, weil ich nie eine hatte. Denn die aus mir Hammerbrooker Plietschen Brit einen Hamburger Juden hätten machen können, mit oder ohne Gott, sind liquidiert worden im Holocaust. Und wirklich alle. Meine Oma Luise, Großvater John, mein Onkel Karl, meine hübsche Tante Rosi Biermann. Auch die Cousins und Cousinen. Die Juden meiner Vaterstadt mußten sich an der Moorweide am Dammtor sammeln und wurden 1941 in einer Großaktion von der Deutschen Reichsbahn mit einer selbstgekauften »Fahrkarte 3. Klasse ohne Retour« in die Stadt Minsk deportiert. Und wurden alle sogleich von Soldaten der Wehrmacht und SS und speziellen Polizeitruppen in die vorbereiteten Massengräber geschossen. Mein Vater ausgerechnet, der einzige Widerstandskämpfer der Mischpoche, lebte zwei Jahre länger. Ihn schützte das Zuchthaus in Bremen Oslebshausen, dort hätte er vielleicht überleben können. Aber leider wurde er im Februar 1943 entlassen und deportiert direkt nach Auschwitz. Ermordet wurde er also als Jude.

In Tagen böser Bitternis tröstet mich, daß er Glück hatte: Er wurde immerhin von seinen Todfeinden getötet und nicht von seinen Genossen, flapsig gesagt: von Hitler und nicht von Stalin. Sein trauriges Glück erwies sich im Grunde als mein echtes Glück. Wenn nämlich mein Vater im sowjetischen Exil kaputtgegangen wäre, im GULag, in den Folterkellern der Lubjanka, der Zentrale des KGB in Moskau, dann wären die Weichen für mein ganzes Leben nach dem Kriege vom Schicksal ganz anders gestellt worden. Ein Roman, an den ich nicht mal im Alptraum denken möchte.

Inzwischen bin ich mehr als doppelt so alt wie mein junger Vater. Bin ich nun Jude? Kein Jude? Oder bin ich etwa als Greis jenseits von Jud oder nicht Jud? Franz Kafka könnte mir Eizes geben. Er schrieb: »Was habe ich mit Juden gemeinsam? Ich habe kaum etwas mit mir gemeinsam.« Dieses Gedankenspielchen leuchtet mir, was wunder, wie automatisch ein! Denn ich spüre, daß diese exaltierte Distanz zu sich selber den entjudeten Juden Kafka zum ewigen Juden stempelt.

Mein Freund Jurek Becker – der mit seinem Vater als einziger der Familie den Holocaust überlebte – reagierte allergisch, wenn es um unsere Jüdischkeit ging. »Ich bin kein Jude«, raunzte er mich mal an. Ich witzelte: »Dann müßte dein Roman, der sogar Weltliteratur ist, nicht ›Jakob der Lügner‹ heißen, sondern ›Jurek der Lügner‹.« Doch das Wort »Weltliteratur« besänftigte nicht seinen Groll. Er blieb stur, wenn auch mit seinem typischen Grinsen: »Ich bin kein Jude, ich bin Kommunist!«

»Und warum« – so hakte ich nach – »ist denn dein Vater aus dem Ghetto in Polen nach alldem … ausgerechnet mit dir nach Deutschland gekommen? Der war doch unpolitisch, schon gar kein Kommunist. Du konntest doch kein Wort Deutsch!« Jurek wollte mich wohl an die Wand witzeln, er sagte: »Wir sind nicht nach Deutschland gekommen, sondern in die Sowjetische Besatzungszone …!« Aber dann redete er ohne alle Ironie Tacheles: »Weil mein Vater damals sehr realistisch dachte: Wohin denn sonst? Doch nicht zu diesen gefährlichen Antisemiten in Polen! Deutschland ist das einzige Land, wo die Judenfeinde den Krieg zum Glück total verloren haben.«

Jurek und ich spielten gern eine Runde auf meinem Billard-Tisch, und zwar das »richtige«, Karambolage, das mit nur drei Kugeln. Es war ein schwer zu ertragender Spaß für mich, denn Jurek war mein einziger Freund, gegen den ich immerzu verlieren mußte. Sein Vater hatte ihn schon als Knaben trainiert in einer Ostberliner Kneipe. Inzwischen war es egal, ob das polnische Kind aus dem Judenghetto ein Kommunist ist oder ob das Kommunistenkind aus Hamburg ein

Jude. Im Grunde wußten wir beide: Der Mensch darf kein Schweinehund sein.

Etliche meiner Gedichte bewegen sich von Anbeginn an in dem Dornengestrüpp, das seit Marxens fast schon antisemitischer Schrift »Zur Judenfrage« (1843) uns Marxisten und Murxisten quält. In manchen Versen verarbeitete ich das Trauma der Shoa, wie im Jahre 1965 in dem unerträglichen Gedicht über DIE ERMITTLUNG von Peter Weiss.

In einer kommunistischen Welt wird es endlich egal sein, ob jemand Jude ist oder nicht – so dachten und fühlten es meine Eltern. Und so glaubte auch ich lange Zeit. Aber inzwischen wissen wir, das genaue Gegenteil war der Fall. Der Nationalkommunist Josef Stalin brachte noch mehr Kommunisten um als der Nationalsozialist Adolf Hitler. Aber bei der systematischen Massenmörderei wurden die Juden in der Sowjetunion extrem bevorzugt ermordet. Das begriff ich nicht nur mit Hilfe der verbotenen Bücher des Alexander Solschenizyn und der Dreibände-Biographie über den jüdischen Bolschewisten Leo Trotzki von Isaak Deutscher, sondern auch durch die Gespräche mit solchen Russen wie Lew Kopelew und Mischka Slavudskaja und Jewgenia Ginsburg und Sascha Nekritsch, Bulat Okudschawa, Vera und Ilja Moser.

Jurek Becker und Günter Kunert, Stefan Heym, Stephan Hermlin, Götz Berger – egal wie befreundet oder zerfreundet wir waren im Streit mit den Kultur-Apparatschiks der SED, wir hörten mit einer anderen Angst von den mörderischen Prozessen gegen die Juden Rudolf Slánský in Prag und den Spanienkämpfer László Rajk und Georg Lukács und Eduard Goldstücker als unsere nichtjüdischen Zeitgenossen.

Nachdem ich 1976 im Westen gelandet war und meine Lieder auch in Holland sang, schrieb ich mir die »Ballade von Jan Gat unterm Himmel in Rotterdam«. Ich singe da von Hitlers Bombenteppich über der Hafenstadt Rotterdam 1940, singe vom Bombenteppich der Royal Air Force 1943, »Gomorrha« über meiner Vaterstadt Hamburg. Das war der Feuersturm in Hammerbrook. Solche Lektionen haben sich eingebrannt in mein Gedächtnis, sie prägten mein Leben. Und so leuchtet mein Judenstern.

> Und weil ich unter dem Gelben Stern
> In Deutschland geboren bin
> Drum nahmen wir die Englischen Bomben
> Wie Himmelsgeschenke hin
> Wir hatten Schwein, du auch, Hans Loch
> Wir hatten mehr Glück als Verstand
> Bloß machen zwei halbe Schweine noch
> – kein ganzes Vaterland

Ich bin heilfroh über den Glaubensbruch in meinem Leben, der mir die Kraft gab, mich von meinem eingeborenen Kinderglauben zu befreien. Nur so konnte ich dem geliebten Genossen meiner Mutter Emma treu bleiben. Mit meinem toten Vater bin ich d'accord. Wir bleiben Kameraden als verlor'ne Posten im ewigen Freiheitskrieg.

Von dem Historiker des jüdischen Widerstands im Holocaust, Arno Lustiger, lernte ich das talmudische Schlüsselwort: Tikun Olam. Dieses Lebensmotto leuchtete mir inzwischen viel schlüssiger ein als einst die höllische Utopie eines kommunistischen Narrenparadieses.

Tikun Olam bedeutet nicht eine messianische Rettung, sondern viel frohgemuter und zugleich mühseliger: die tagtägliche Verbesserung, wörtlich: die permanente Reparatur unserer Welt.

Ich bin als ein halber Jude und als ein halber Goj in diese Welt geraten. So metzgermäßig in abgehangenen Schweinehälften rechne ich nicht. Von wegen halb so, halb so! Nicht weniger als ein ganzer Mensch will auch ich sein.

Das Wort »a Mentsch« korrekt ins Deutsche übersetzt heißt nicht »ein Mensch«, sondern nur: »ein guter Mensch«. Der Titel dieses Buches »Mensch Gott!« könnte also auch mit einem Buchstaben korrigiert heißen: »Mentsch Gott!« – und das wäre dann ein rebellisch jiddisch-kategorischer Imperativ gegenüber Gott: Du, großer Gott, an den ich nicht glaube, mache dich nicht so klein! Du laß Dich nicht verhärten! Du laß Dich nicht hinreißen von Deinen Eifersüchten gegen andere Götter! Sei mir gefälligst und vor allem das: Gott, sei uns a Mentsch! a Mentsch!

Gesang für meine Genossen (1967)

Jetzt singe ich für meine Genossen alle
das Lied von der verratenen Revolution
für meine verratenen Genossen singe ich
und ich singe für meine Genossen Verräter
Das große Lied vom Verrat singe ich
und das größere Lied von der Revolution
Und meine Gitarre stöhnt vor Scham
und meine Gitarre jauchzt vor Glück
und meine ungläubigen Lippen beten voller Inbrunst
zu Mensch, dem Gott all meiner Gläubigkeit

Ich singe für meinen Genossen Dagobert Biermann
der ein Rauch ward aus den Schornsteinen
der von Auschwitz stinkend auferstand
in die viel wechselnden Himmel dieser Erde
und dessen Asche ewig verstreut ist
über alle Meere und unter alle Völker
und der jeglichen Tag neu gemordet wird
und der jeglichen Tag neu aufersteht im Kampf
und der auferstanden ist, mit seinen Genossen
in meinem rauchigen Gesang

Und ich singe all meine Verwirrung
und alle Bitternis zwischen den Schlachten
Und ich verschweige dir nicht mein Schweigen
– ach, in wortreichen Nächten, wie oft verschwieg ich
meine jüdische Angst, von der ich behaupte
daß ich sie habe – und von der ich fürchte
daß einst sie mich haben wird, diese Angst

176

Und ich singe laut in den dunklen Menschenwald
und schlag mir den Takt mit meinen Knochen
auf dem singenden Bauch der Gitarre

Ich singe den Frieden mitten im Krieg
Aber ich singe auch Krieg, in diesem
dreimal verfluchten mörderischen Frieden
der ein Frieden ist vom Friedhofsfrieden
der ein Frieden ist hinter Drahtverhau
der ein Frieden ist unter dem Knüppel
Und darum singe ich den revolutionären Krieg
für meine dreimal verratenen Genossen
und noch auch für meine Genossen Verräter:
In ungebrochener Demut singe ich den *Aufruhr*

Ost-Westliche Milchstraße (2006)

Nicht oft – doch manchmal sah ich schon den Sternenhimmel
So klar, so groß und gut – zuletzt vor dreißig Jahrn
Da krümmte sich die Insel Usedom herum im Osten
Ums Achterwasser – ich lag auf dem Fischerboot
Da stehn nicht Häuser rum, es stört den Blick kein Baum
So große Himmel wachsen bloß auf großen Wassern
Alleine auf dem alten Kahn da, der Gebrüder Wolff
Im Lieper Winkel, Warthe. Windstill war die Nacht, ich lag
Auf Deck auf einem Haufen trockner Reusen-Netze
Am Wasserkasten, wo zwei Zentner Zander tobten
Soff ich mich satt am Weiß im schwarzen Firmament
Galaxis heißt das Zauberwort, verschüttet Sterne wie
Ein Krug voll Himmelsmilch. Mir schmeckte die Metapher
Mit allen Sinnen leckte ich Natur, als wär es Poesie

Jetzt bin ich alt, nun staunen meine schwachen Augen
Mit Brille schwer bewaffnet diese Himmel an
Im Westen find ich auch den Nordstern, leicht am Wagen
Die Deichsel. Seh den Flieger Richtung Kopenhagen blinken
Der Orion steigt auf, da aus dem Wald. Der Große Jäger
Er streift als Sternenbild von Habernis hoch übers Moor
In Richtung Roikier. Und ich sehe an ihm blitzen
Den Gürtel – die drei schrägen Sterne – und erkenne nun
Sogar das Kurzschwert, wie's ihm schimmert vor dem Bauch
Des Gottessohnes Schulter seh ich leuchten: Beteigeuze
Den Riesenstern – in echt so groß, daß in ihn passen würden
Paarmal die Erde, die Planeten alle, unsre Sonne
Dein großes Herz dazu und meins, die passen da noch rein
Zudem der kalte Weltenraum dazwischen auch

Heut spielen sie verrückt, die Sterne über mir
Und schon vergess' ich das moralische Gesetz
In meiner Brust. Verlockend, frech verführerisch
Erscheinen mir, zum Greifen nah, die Himmelskörper
Wie reife Früchte, die ich einfach pflücken könnte
Leicht, wenn ich nur beherzt genug nach ihnen greife
So stellte ich mich eben auf die Zeh'n und wollte
Für meine Liebste wenigstens den Beteigeuze
Herunterreißen, und nicht immer bloß mit Liedern
Als abgewrackter Orpheus singen in der Unterwelt
Und plötzlich ruft 'ne innre Stimme: Nein! Laß sein!
Mensch, alter Biermann, grade ist das Pflücken schon
Nur eines Apfels dir am Gartenteich fatal mißlungen
In Altona. So Eskapaden passen besser zu den Jungen!

Papperlapapp! Was paßt denn schon
                     zu wem, in welcher Zeit?!
Die Sterne leuchten, ganz egal, ob Ost, ob West
Im Mutterleib schon war ich ein Methusalem
Dreitausend Jahre alt war ich, von Anfang an
Und bin nun mal ein Glückskind, denn mein guter Stern
Hat mich bewacht. Mir lebn ejbik! Ich bin der Beweis:
Mich schoß kein Mörder in das Massengrab in Minsk
Kam nie in einen falschen Duschraum. Bin auch nicht
In Hamburg unterm Bombenteppich mitverbrannt
Als ich auf meiner Mutter Rücken den Kanal so leicht
In Hammerbrook durchquerte, war der schwarze Rauch
Ein Riesentotentuch, das reichte für die ganze Stadt
Mir reicht es, daß ein gelber Stern am Himmel steht
Den Rosi Biermann am Pilatuspool sich angeheftet hat

Die Folgen der Verlesung des Oratoriums »Die Ermittlung« durch prominente Mitglieder der Akademie der Künste am 19. Oktober 1965 im Sitzungssaal der Volkskammer der DDR (1965)

1
Bei der Verlesung des poetischen Auschwitz-Reports
von Peter Weiss weinte ich Rotz und Wasser im Gedenken
An meinen Vater, den Kommunisten
An mein jüdisches Volk
An mein deutsches Volk
Dessen östliche Machtelite neben
mir auf den Sitzen schwitzte
Eingepfercht saß ich da zwischen den
Führern der Machtapparate
Kunstproduzenten, Privilegierte und
Arrivierte, Altkommunisten und
                    Jungstalinisten, umfunktionierte Nazis
Und die Jungs von der Staatssicherheit
Linksoppositionelle Eiferer und naive Gaffer
Gleichermaßen aufgerissen von Trauer, Scham, Schrecken
Verfolgten wir das Kalkül der Todesfabrik
Gleichermaßen erschüttert über des Menschen Kraft
Leiden zu machen und auszuhalten, Opfer
sein und Henker zugleich
Wankten wir endlich in unsere Autos

Gleichermaßen betäubt waren da also Leute
Die sich schon morgen wieder unerbittlich belügen
Im gemeinsamen Kampf um die Wahrheit, Leute
Die sich gut ausschlafen oder nicht. Und morgen wieder

mit frischer Kraft einander
abschlachten im wenig blutigen Kampf
Den wir uns gewöhnt haben zu nennen
Aufbau des Sozialismus

2
Ich klage also meinen Bruder an, den Dichter Peter Weiss
Er hat gemacht, daß ich gemeinsam weinte mit denen
Die mich lebendig begraben
haben in der Zelle Chausseestraße 131
Weil meine Worte nicht schmecken wie meine Tränen
Er hat gemacht, daß ich flennte mit meinen Peinigern
Er zeigte mir den Abschaum, um dessentwillen ich
Burgfrieden schließen muß
mit dem Schaum aus Stalins Mund
Ich klage also ihn an, der aufriß die alten Wunden
Und schloß doch die neueren nicht. Ich!! blute aus
Aus Einsamkeit flieh ich in immer tiefre Einsamkeiten
Bin verhungert, viel zu schwach, noch Brot zu schlucken
Der Verdurstete bin ich, der nach Wasser nicht mehr schreit
Also fügt mich in die Listen ein von Auschwitz
Spuckt mich in das Meer, in dem mein Vater schwimmt

Die Rheinfahrt (1998/2011)

Verzeih mir, verzeih, beloved Loreley
– was für ein dummes Mißgeschick –
Ich hab dich im Zuge verschlafen
Ab Bonn drückte ich mir die Nase platt
Ja, winken wollte ich, einen Blick
Erhaschen von dir, einen Augenkuß
Ich sah mich an Lastkähnen müdesatt
Sah in der scharfen Biegung im Fluß
Und gut in Farbe die Schlappen voll Sand
Die Schubprähme, lustige Fahrgastschiffe
Die Spietboote längsseits am steinigen Strand
Sah blitzblanke Tankstellen, Weinberge, schön
Die mörderischen, die lieblichen Riffe
Am anderen Ufer da drüben ein Kahn

    Ach mit dem Strom fahrn die Schiffe so schnell
    Auf dem Rhein dahin, dahin
    Und gegen den Strom geht es langsam zurück
    Ich weiß nicht, wie traurig ich bin

Die Burgruinen auf stolzer Bastei
Der Berg schluckt die Spielzeugeisenbahn
Vom Fenster wollte ich Bacharach sehn
Den Rabbi, die schroffen Felsen – vorbei!
– vorbei – vorbei – vorbei – vorbei –

Durch breitere Ebenen gleitet der Zug
Hier wächst schon der Wein so elend flach
Nun rasen wir Richtung Mainz im Flug
Ach, nimmermehr seh ich dich, Schöne, ach

Dein goldenes Haar. Dein goldener Kamm
Und nix da! mit tümlichem Tandaradei
Du, frag nicht, warum ich so traurig bin
Warum mich die Kitsch-Bilder freuten
Warum grad mein Auge in Tränen schwamm
Doch deine liebliche Melodei
Die weiß ich und kann sie auch deuten:

Der Rhein fließt unter die Brücken hin
Das Wasser voll Öl und voll Ruß
Die Loreley stürzt in den Rhein
Damit sie nicht singen muß

– dahin – dahin – dahin – dahin
Die Zugräder rattern durchs Weichengewirr
An putzigen Bahnhöfen flog ich vorbei
Paar Tunnelchen piercen die Felsnasen durch
Nach jeder Kurve kam Postkartenkunst
In Hülle und Fülle Idylle, Idylle
– ein Meisterwerk Gottes! Es schmiegt da das Gleis
Am krummen Rücken sich vom Vater Rheine
Mein IC-Waggon ist kein Viehwaggon
Ich weiß ja du weißt was ich meine:
Mit Stacheldrahtgitter vorm Luftlukenloch
Bewacht von SS und Hilfsmördern aus
Weißrußland und aus der Ukraine
Ich döste im Erster-Klasse-Abteil
Im Warmen schön weich, schön alleine
– und doch – und doch – und doch – und doch –

Ich hörte die Schreie im Schienenschlag:
Ribojno schel ojlom! oj wehj! helf uns schojn!

Und denk an den jiddelnden Reim dabei
Das reimt sich so rein auf ... uralte Zeiten:
– badei... badei... badei... badei...

Ich weis nischt, wos sol dos badeiten
So sang Heinrich Heine, der Jude vom Rhein
Und das freut die Siegmundfreud'schen:
Der vaterlandslose Gesell in Paris
War jüdischer als mancher Jud, überdies
– viel deu... viel deu... viel deu... viel deu...

Viel deutscher
	als all diese Deutschen

Ein vaterländisch gesinnter Professor der Germanistik lehrte im deutschen Kaiserreich: Der Hebräer Heine, dieser ironische Judenbengel ...
er war kein tiefdenkender deutscher Dichter! Sein inwendiges Reimle-
xikon war das schmutzige jiddische Taitsch. Und der Beweis: das deutsche Wort in Heines Lied von der Loreley »Zeiten« reimt sich nicht
sauber auf » ... bedeuten«, wohl aber ideal auf das Mauschelwort der
Ostjuden
	» ... badejten«!
Und außerdem rieche Heines Grammatik nach Knoblauch: das Sla-
wische der Ostjuden! Von wegen »Ich weiß nicht was soll es bedeuten ...« Im echten Deutsch gehörte natürlich das modale Hilfsverb
»soll« ans Ende solch eines Satzes, nämlich so: »Ich weiß nicht, was
es bedeuten soll«
Jaja! ... denke ich: Und auf »soll« würde sich dann am besten ein deutsches Strammstehe-Wort reimen:
	Jawoll !!

Hochwasser in Paris (1983)

Der Winterschlaf ist jetzt vorbei; wir leben wieder
Nun zeigt die Île de la Cité die schöne kalte Schulter
Den Kälten. Licht bricht endlich in die Stadt ein
Der allerschönste Frühling macht sich mächtig breit
Und breiter noch macht sich in ihrem Bett die Seine
Der Himmel hat sich gründlich ausgeweint. Nun lacht
Die Sonne laut in die verrammelten Gesichter
Die aufgesprungen sind mit den Kastanienknospen
Die Uferstraßen alle stehen unter Wasser
Wo wir uns stritten letztes Jahr, als ich mein Maul
Dann endlich hielt – will sagen: endlich auf dein Maul
Als ich mit meinem Stachelkinn dir Rouge auflegte
Mein Liebchen, nun sah ich von oben unsre Bank
Grün schimmern durch die ockerfarbne Brühe, grad
Dort, wo wir saßen, springt ein Fisch an der Laterne
Hochwasser leckt den Seine-Brücken frech den Bauch
Kein Lastkahn paßt mehr durch,
kein Glassarg mit Touristen
Die Insel dampft voran gen Osten mit acht Knoten
Geschwindigkeit. Und Notre-Dame
                          als die Kommandobrücke
Stromaufwärts immer geht die Fahrt, die Fluten brechen
Am spitzen Bug sich, wo das Monument gebaut ist
Für die zweihunderttausend Märtyrer aus Frankreich
Martyrs français de la déportation. Die Toten
Stehn bis zum Hals im Wasser, und sie lächeln starr
Ein unbeirrtes blödes Lächeln voller Hoffnung
Ins Nichts.
        So lächeln sie auf uns,
                          die wieder leben

Nur wer sich ändert, bleibt sich treu (1991)
für Arno Lustiger

Ich schwamm durch Blut in das große Licht
Neugierig kam ich aus dem Bauch
Ich war ein Tier. Und ich war ein Mensch
Von Anfang an und lernte auch
Bei der Gestapo im Verhör
Soff ich am Busen ohne Scheu
Die Wahrheit mit der Muttermilch:
Nur wer sich ändert, bleibt sich treu

Von Hamburg bin ich dann abgehaun
Mit sechzehn ins gelobte Land
Da sind Millionen den gleichen Weg
Wie ich, bloß umgekehrt gerannt
Ich wollte von zu Hause weg
Nach Haus! Die Reise ist nicht neu:
Wer jung ist, sucht ein Vaterland
Nur wer sich ändert, bleibt sich treu

So kam ich drüben an: ohne Arg
Und blindbegeistert wie ein Kind
Bald sah ich, daß rote Götter auch
Nur MenschenSchweineHunde sind
Mein Vater hat mich nicht gemacht
Damit ich Lügen wiederkäu
Drum schrie ich meine Wahrheit aus:
Nur wer sich ändert, bleibt sich treu

Heiß oder kalt, immer war da Krieg
Ich ging von West nach Ost nach West
Und hielt mich an meinen Waffen, der
Gitarre und am Bleistift fest
Ich bleibe was ich immer war
Halb Judenbalg und halb ein Goj
Eins aber weiß ich klipp und klar:
Nur wer sich ändert, bleibt sich treu

Mit Weibern habe ich nichts! als Glück
Gehabt. Ich war so grün und blind
Und wusst nur vorne im Hinterkopf
Daß auch die Weiber Menschen sind
Nun weiß ich bis ins kleinste Teil
Mit dem ich meine Frau erfreu:
Die Männerherrschaft stinkt mich an
Nur wer sich ändert, bleibt ein Mann

Ich war verzweifelt von Anfang an
Und immer hab ich neu gehofft
– so kann man leben. Bald kommt der Tod
Ich kenn Freund Hein, ich traf ihn oft
Er bleibt mein Feind, dem ich auch nicht
zum Schluß gereimte Rosen streu
Mit letzter Puste krächze ich:
Nur wer sich ändert, bleibt sich treu

David und Goliath (1995)

David und Goliath, Abel und Kain
Zwei und zwei und zwei und zwei
Wer wird wen knechten, wer wird wen befrein
Und auf dem Golan wächst guter Wein
Wer wird ihn trinken? Wer ist Rebell?
Wer ist hier Mörder in diesem Duell?
Isaak redet mit Ismaél

  Grad immer zwei und zwei und zwei
  hier geht es Schlag auf Schlag. Dabei
  war heut im uralten Israel
  ein ganz gewöhnlicher Tag

Schwirren die Mädelach durch den Kibbuz
Blöde wie da mein Blick noch verharrt
Handgranatäpfelchen spitz unterm Shirt
Zwei und zwei und zwei und zwei
Anders die Butterbirnbrüste der Frau
Wenn sie mit Knarre im Wägelchen früh
Kinderlach rüber zur Krippe hinkarrt

  Grad immer zwei und zwei und zwei
  hier geht es Schlag auf Schlag. Und dabei
  war heut im blutjungen Israel
  ein ganz gewöhnlicher Tag

Ganz bin ich Jude und, nebbich, ganz Goj
Zwei und zwei und zwei und zwei
Ess' unter Palmen glatt koscher, bleib treu
Tannebaum, Sauerkraut, Eisbein und Bier

Wer ist schon scharf auf das Jüngste Gericht
Ich war nie der, der zu Kreuze kriecht
Mein Gott ist nichts als ein Menschentier

Um die letzten Dinge geht's mir
ja, nebbich nicht hier. Und dabei
war heut im winzigen Israel
ein ganz gewöhnlicher Tag

Deutsch unter all den Dunklen hier
Zwei und zwei und zwei und zwei
weht heut dein Hamburger Weizenhaar
Schöner bist du in Jeruschalayim
Liebe ist stark wie der Tod. Und dein Kuß
Bitterer Schierling, ist Mohnsaft und Wein
Myrrhe und Mondmilch und Honigseim

Darum ja zwei und grad wir zwei
damit ich nicht verzag. Dabei
kommt morgen in Erez Israel
ein ganz gewöhnlicher Tag

Abrahams Söhne (2002)

Blutwein der Vergelter
Tränen in der Kelter
Stahl und Steine fressen
und nie nicht mehr kein Brot
Selbstmordmörder sterben
Heillos ohne Scherben
Auf den Augenlidern
so schlafen sie sich tot

Gottesstreiter schlachten
Abrah'ms Söhne trachten
Nur danach, wie einer
den anderen verdirbt
Teufelskreis der Rache
Weinen in der Lache
Blutwein muß ich saufen
wo alle Hoffnung stirbt

Nach Auschwitz (1979)

Nach Auschwitz ein Gedicht
zu schreiben, ist barbarisch.
Adorno (1951)

Das Miserere ist vorbei,
Die Sterbeglocken schweigen.
Heine (1844)

Ja, es ist keiner da, der den Toten noch
Mit Totenfeiern groß Ruhe schafft
Die Sterbeglocken, mein toter Freund
Es stimmt: sie schweigen, schon lange
Doch sie schweigen aus anderem Grund:
Es stirbt sich inzwischen so massenhaft
Wir verrecken so unter dem Hund
Und sind an uns selbst so verdorben
– und darum läuten die Glocken nicht mehr:
Es wird ja zu viel gestorben

Und als mein Vater in Auschwitz brannte
War auch keine Sterbeglocke zur Hand
Da war ja der Tod schon selber todkrank
Und über dem Lager wölbte sich nur
Ein irres Leichengekreisch:
Die große Glocke aus dem Gestank
Von verbranntem Fleisch. Doch
Es gibt noch Gedichte nach Auschwitz. Und
Es gibt sogar lustige Lieder. Wir
Sind eben so. Wir gehn ganz und gar
Zugrund. Und erheben uns wieder

Um meinetwillen – Erez Israel (2008)

Ach was! doch nicht um Himmels willen, nein:
Um meinetwill'n gibts Israel, den Staat
Damit auch Schlosser Dago Biermann weiß
Wo er nach Auschwitz noch 'ne Bleibe hat

Da, wo der Tote lebt: im Judenland
Wo noch a mentsch mit Menschen reden kann
Mit Papa John, Mama Louise. Er fand
Dort Schwester Rosi wieder, Bruder Karl

Im alten Neuland, haß-geliebt, gelobt
Wo Milch und Honig fließen, Tränen, Blut
Wo 'n Bruderkrieg der Söhne Abrahams tobt
Wo er mit eignen Asche-Augen sieht:

Mir lebn ejbig – doppelt ewig! Denn
Mein Vater überlebt ja auch in meinem Lied